明治維新という名の洗脳

【新装版】

150年の呪縛はどう始まったのか？

苫米地英人

ビジネス社

はじめに

勝てば官軍。

この言葉は多くの示唆に富んでいる。

勝てばなにをしてもいい。どんなことをしても許されるということだ。

まさに明治維新を象徴する言葉といっていいだろう。

では、一体どんなことが勝者によって行われたのであろうか？

ひとつには「江戸城無血開城」に代表される印象操作だ。

確かに、維新の時、江戸城開城では誰も血を流していない。しかし、その前の鳥《と》羽《ば》・伏見《ふしみ》の戦い（１８６８年）では多くの将兵が血を流している。彼らが流した血はノーカウントなのか？

あるいは、「もし維新の時に内戦が始まっていたら日本はどうなっていたか？　外国に乗っ取られて植民地になっていただろう」などという言説がまことしやかにいわれていることもそうだ。

これを本気で受け入れてしまうと、維新の時に内戦など起きていないことになってしまうが、上野《うえの》戦争（1868年7月）や戊辰《ぼしん》戦争（1868年～1869年）はどう位置づけるつもりなのか？　あれは間違いなく日本史上最大級の内戦だったはずだ。第二次長州征伐（1866年）にしてもそう。あれは長州軍対幕府軍の内戦であり、幕府軍は大敗を喫している。明治維新の前後は内戦だらけであったのだ。

であるのに、なぜ、「もし維新の時に内戦が始まっていたら日本はどうなっていたか？　外国に乗っ取られて植民地になっていただろう」などという言説がいまでも生きているのか？

もう一度よく考えてほしい。そもそも当時の日本と外国勢の武力差を考えれば、外国勢が日本を植民地にすることなど、たやすいことだっただろう。しかも、武力を行使するための大義名分もあった。生麦《なまむぎ》事件（1862年）や馬関《ばかん》（関門）海峡での外国船砲撃（1863年）事件など本格的な戦争に持ち込むためのきっかけなどいくらでも転がっていた。

であるのに、海外勢は薩摩《さつま》と長州を叩《たた》いただけでよしとしてしまった。その叩き方にしても実に中途半端で、薩英戦争（1863年）の時などは「薩摩を占領できたのになぜ街を砲撃しただけで引き揚げてきたのか」と英国海軍を非難したイギリスメディアもあったほどだ。

詳しくは本文にゆずるが、一言でいってしまうと外国勢は日本を占領すべく虎視《こし》眈々《たんたん》と狙《ねら》ってなどいなかったのだ。

では、なにを狙っていたのか？

その答えを導き出すヒントになるのが、この時期に起こっていた多くの不可解な出来事だ。

例えば萩《はぎ》藩（長州）の立ち位置は実に興味深い。

通常、萩藩といえば、日本で最も過激な尊皇攘夷《そんのうじょうい》の藩だと認識されており、事実、馬関海峡を通過した外国船舶に向けて無通告で無差別発砲したのもこの一藩のみ。

しかし、不思議なのは、萩藩は同時期にイギリスに向けて密航留学生を藩費で派遣していることだ。

具体的に言えば、萩藩が外国船に砲撃を開始したのは1863年（文久3年）6月25日（5月10日）。伊藤俊輔《しゅんすけ》（博文）、井上聞多《もんた》（馨《かおる》）ら萩藩士5人がイギリスに密航したのは同じ年の6月27日（5月12日）。

外国船に向けて砲撃をしながら、その2日後には外国に留学生を送る。一体、萩藩はなにを考えていたのか？

また、外国船への砲撃に関しても意外な事実がある。長州が攻撃したのはアメリカとフランスとオランダだけで、イギリス船には攻撃を加えていないということだ。もちろん、偶然、その時期に限って、イギリス船だけが馬関を通らなかったという可能性も考えられなくはない。

とはいえ、外国船に攻撃を加えていながら、イギリスに留学生を送ることの謎解きとして、実はイギリス船には攻撃していない、という事実は否が応でも我々をひとつの方向に導いてしまうのではないだろうか？

そして最後に指摘したいのは、明治維新にはほかの歴史的な出来事とは違う、変わった特徴があること。それは「情報過多」だ。通常、歴史の出来事は情報が少なく、その掘り起こしに時間がかかる。

しかし、明治維新はその逆で情報が多過ぎてその整理に時間がかかるのだ。関係者の多くが日記を書き残し、歴史作家による一次資料を精細に調査したリポートも豊富だ。

それだけではない。どこまでが本当かわからない、陰謀論も手をかえ、品をかえ、出版されている。

龍馬《りょうま》を殺したのは誰それで、武器商人トーマス・グラバーはフリーメイソンだったなどなど。最近では明治天皇すり替え説も大きな話題になっている。

そのどれもが本当らしく、それなりに真実も詰まっている。

その一方で最初に指摘した「○○だったら、50年は維新は遅れていた」などに代表される「歴史のイフ論」の蔓延《まんえん》。

こういった情報過多の海の中で、我々日本人は重要なものが見えなくなっているのではないか？

はっきり言って我々は明治維新を見誤っている。

断っておくが、本書は歴史の謎解きを楽しむだけのものではない。

それだけで終わるのであれば、私が本を書く意味などない。

本書は明治維新という情報過多の海の中で、なにが本当で、なにがニセモノであるのか、取捨選択し、その過程の中で、現代日本につながる歴史の真実を解き明かすものである。

そう。目線はあくまで現代なのである。

明治維新と現代はつながっている。その意味を考え、そして、どうすれば、本当の日本の夜明けを摑《つか》むことができるのか、を示唆する啓示書なのである。

本書は2015年10月に小社より刊行された『明治維新という名の洗脳』の新装版になります。

【新装版】明治維新という名の洗脳●150年の呪縛《じゅばく》はどう始まったのか?――目次

第1章——明治維新を支えた金策

第2章 ― イギリス外交

第3章 外国商社

第4章 銀 行

第5章　明治維新から150年

第1章

明治維新を支えた金策

100万両の謎

古今東西、戦争には常に金がかかる。

明治維新を勝ち抜いた長州（以下、藩名は萩藩）も当然ながら、維新の戦争で大金を使っている。具体的に言えば、1865年（慶応《けいおう》元年）から翌年にかけての2年間でミニエー銃4300丁、ゲベール銃3000丁、木造蒸気船3隻、鉄製蒸気船1隻などを購入。そのための資金として、少なくとも15万205両の支出があったことがわかっている（『防長回天史』より）。

もちろん、萩藩の出費はこれだけでは済まなかった。

それ以前から藩を挙げて攘夷《じょうい》の決行をとなえていたため、武器弾薬の経費はかさみ、一説によれば明治維新前後で、100万両から150万両もの出費があったといわれている。現在価値では最大100兆円にもあたり、これは国家全体の予算規模に匹敵し、1藩で賄う金額ではない。

武器にこれだけ金をかけていたら、まともな藩の運営などできるはずがない。事実、萩藩は江戸時代を通じてずっと借金に悩まされ続けていた。幕末時代の藩主毛利敬親《たかちか》が当主に就いた１８３７年（天保《てんぽう》8年）の時点でも「8万貫の大敵」と呼ばれる大きな借金を抱えたままだった。銀７００貫目がだいたい1万両の換算なので8万貫はおよそ１１４万両。なんと敬親は外国から買った武器弾薬費に匹敵する負債を最初から抱えたまま維新に臨んでいたのである。

それにしても一体どうやって萩藩はそんな大金を工面したのか？

その理由について、いわゆる陰謀論めいた書籍などでは、ロスチャイルド家やフリーメイソンの意を受けた長崎の武器商人トーマス・グラバーたちが金を貸していたとされることが多い。長州だけでなく薩摩も彼らから借りた金で武器を買い、明治維新を成し遂げたという説明だ。

確かにそれは大筋で間違いではないが少々短絡的だ。

いくらロスチャイルドでも誰彼かまわず、金を貸すわけがない。融資をするにあたってデューデリ（財務調査）をしない銀行などないということだ。

つまり、薩長が金を借りることができたということは、ヨーロッパの銀行家たちが信用するに足る資産をこの2藩が持っていたことにほかならない。

実際、萩藩最後の藩主だった毛利元徳《もとのり》は、1871年（明治4年）、旧藩から受け継いだ財産を明治天皇に献上しているのだが、その金額は70万両であった。手元には30万両を残した上でのこの金額なので、総額はなんと100万両。「8万貫の大敵」とほぼ同額を個人資産として蓄財していたのである（論文「長州藩における撫育《ぶいく》制度について」平池久義より）。

つまり、萩藩には相当量の金があったということだ。

しかし、萩藩の財政が逼迫《ひっぱく》していたのはまぎれもない事実。詳しくは後述するが、萩藩士族も町民も農民もずっと苦しい生活を送っている。

ただし、戦費が豊富にあったのもまた事実なのだ。

そして、藩主の個人資産100万両の謎。

萩藩には金をめぐる不可解なことが多過ぎる。

この章では明治維新の謎を探る発端として、まずは萩藩の錬金のからくりに迫ってみたい。

毛利家の家宝

萩藩の財政は江戸時代を通じて常に借金まみれで、長崎の武器商人トーマス・グラバーも最初のうちは彼らの決済能力をまったく信用してはいなかった。1862年（文久2年）、鉄製蒸気船ランスフィールド号を購入したいといってきた時には現金一括での支払いを要求しているのがいい証拠だろう。萩藩が軍艦を購入するのはこれが初めてで、加えてランスフィールド号は12万ドルと高価だったことも一括払いの要因だっただろう。

しかし、萩藩はこれを全額即金で払っている。

これを可能にしたのが御手置銀だった。この金は毛利家に代々伝わる武具、刀剣、宝物と軍資金でいわば毛利家の家宝。ランスフィールド号購入時には世子《せいし》（次代藩主）の毛利元徳の指示で江戸屋敷にあった御手置銀、通称麻布穴蔵貯蔵金の中から不足分が支払われた（「幕末期長州藩西洋兵学実践の経済的基盤」小川亜弥子）。

『伊藤博文直話』によれば萩藩の江戸屋敷には文久3年の時点で、つまりランスフィールド号購入後の時点で「古金で6、7万両が残っていた」という。御手置銀は国元の金庫にも置かれており、いざとなった時の萩藩は数万両など簡単に決済できる能力を有していたことがこれでわかる。

では、明治のあの100万両は御手置銀の残りなのか、というと、一概にそうとはいえない。

御手置銀は藩の財政が悪化した時も随時使われていた金だったからだ。そして萩藩の財政は常に真っ赤であったから、御手置銀は早晩枯渇する運命にあった。

そんな中、それを変える出来事が1763年（宝暦《ほうれき》13年）に起こった。萩藩の回天《かいてん》はここから始まったのである。

萩藩の裏会計

1763年（宝暦13年）の出来事とは7代目藩主、毛利重就《しげたか》のある英断によるものだが、その話に触れる前に萩藩の歴史をざっと振り返っておこう。

そもそも萩藩の宗主毛利家は、石高120万石、中国地方10カ国を領地とする大大名であった。しかし、1600年の関ヶ原の戦いで徳川方に敗れたため、本州の西端、長門《ながと》・周防《すおう》の2国に減封されてしまう。

領地も石高もそれまでの5分の1となった毛利家はさらに没収された8カ国分の租税の返却も要求されたため、巨大な借金を背負った状態で藩の運営を迫られることになる。

そのため毛利家では再検地や新田開発をたびたび行っている。同時に、いまでいうリストラも敢行し、3500人いた家臣を最も少ない時で600人にまで削ってしまう。

それでも藩の財政が楽にならなかったのは、徳川幕府からたびたび普請の負担金を要請されたからだ。江戸城の改修工事、大火事や大地震による復旧工事、橋や道路の敷設費用など重い負担が毎年のように萩藩には課せられた。

そのたびに藩は〝馳走米《ちそうまい》〟を行った。

この馳走米。字面だけを見ると藩が御馳走してくれる褒美米のように現代人なら感じるだろう。しかし、意味はまったくその逆で、家来たちが殿様の御恩に報いるため藩に米を馳走するもの。わかりやすく言えば給料を強制的に返納させられたのだ。

出典：ASAHIネットより

長門《ながと》国における萩藩の位置関係

例えば１７０４年（宝永《ほうえい》元年）、萩藩は江戸城改修工事の負担金の拠出を幕府から命じられた。この拠出金を工面するため、「高百石ニ付現米弐拾石《にじっこく》掛り」というお触れを出している。

これは石高１００石につき、米20石を〝馳走〟しろという意味になるのだが、１００石高を米に換算すると40石となり、米20石の馳走というのは半額返納せよ、という厳しいお触れであったことがわかる。

領地が激減し、石高も減る一方で、幕府の弾圧が厳しかった萩藩は、抜本的な財政改革がどうしても必要だった。

それを行ったのが前述した7代目藩主、毛利重就である。

彼は１７６３年（宝暦13年）、宝暦検地を行い、石高を一気に6万石分もアップさせた。

さらに重就はここで一計を案じる。表向きには2万石の石高増とし、残った4万石を密かに別会計としたのである。

幕末の画期的なファイナンス

この別会計こそが維新の時の軍資金で、撫育資金と呼ばれるものだ。

撫育資金は一般会計の〝本繰〟とはまったく別の極秘資金とされ、藩主直轄の撫育局によって運用された。

「御撫育局は追々申します通りに至って厳重な物で、高で会計本部はドンな事があっても一向之には関係せぬと云《い》う法でござります。撫育方の収支決算は別して密々にする」（『萩藩の財政と撫育』三坂圭治著）

「撫育方の収支決算は別して密々にする」これが撫育資金のルールであった。

ちなみに収益でいえば撫育局は本繰の4倍あったとされ、このため本繰が大赤字でも、撫育は常に潤沢な資金であふれていた。こういった状況だったからこそ、幕末に150万両もの軍資金を捻出《ねんしゅつ》することができたのだ。

とはいえ、検地によって絞り出した資金だけではなかなか150万両にはならない。

そこで撫育局が考え出したのが殖産の道だ。

撫育局は1840年（天保《てんぽう》11年）、馬関（下関）と室積《むろずみ》（現在の光市）の港に越荷方を創設した。これは日本各地からやって来る商人たちのための倉庫業で、すぐに評判になった。

長州は三方を海に囲まれた要所であり、東北からは北前船《きたまえぶね》が下り、北からは朝鮮の荷が壱岐《いき》、対馬《つしま》を経由し、西からは長崎、薩摩の船が入ってくる。また、東には瀬戸内海を経て日本一の商業都市大坂が控えている。いわば、日本の海上交通の要中の要となっていた。

越荷方の倉庫業はこの利点を最大限に生かすものであった。

例えば、大坂で米の値段が下がっている時、北前船の米商人たちは一旦《いったん》、馬関で荷をおろして越荷方の倉庫に保管、米の値上がりを待って大坂に出荷したのである。さらに越荷方は倉庫業のかたわら、商人たちを相手に米を担保に金を融通する金融業までスタートさせる。

倉庫業と金融業が順調にまわるようになると、今度は新潟藩らと組んで朝鮮や上海《シャンハイ》との密貿易にも着手。また幕府にとがめられても言い逃れできるよう、密貿易を専門に取り締まる八幡改方も組織するなどカモフラージュにも余念がなかった（『江戸諸藩役人役職白書』)。

倉庫業と金融業と密貿易。この3つで稼ぎだした金を使って、萩藩は維新のための戦費を稼ぎだしたのである。

結論から言えば、萩藩の藩庫には相当の蓄財があったのだ。ただし、それはあくまで別会計で、一般会計がどれだけ赤字になろうと、基本的には表に出て来ない金だった。

この秘密の資金があったからこそ、萩藩は武器弾薬を買うことができ、藩主は100万両の蓄財ができたのである。

秘密資金の裏側

撫育資金。これが萩藩の武器弾薬を買い支えた源であり錬金のからくりだ。

これがなければ、萩藩の攘夷運動もなければ討幕もなかっただろう。また、外国の武器商人たちも重要な商売相手として丁重に扱ったりなどしなかったはずだ。現金なグラバーなどは最初の取引では即金にこだわっておきながら、彼らに金があると知った瞬間「お二人（井上と伊藤）が取引を始めれば100万ドルぐらいの金はいつでも用立てるので決してご心配には及ばぬ」（『維新革命史』全日本新聞連盟編集）という絶大なる信用保証まで与えたほどだ。

そういう意味では、この秘密資金は画期的なファイナンス・システムであったということはできるだろう。

しかし、残念ながら、手放しで絶賛できるかというと、そうはいかない。

なぜなら撫育資金は庶民を搾《しぼ》ることによって誕生した金だからだ。

さきほど宝暦検地で生み出された6万石分が撫育資金の元となったと書いたが、別に以前の測量が甘かったとか、間違っていたから6万という数字が出てきたわけではない。

再検地とはどこの藩もそうだが、最初から加増ありきで行われるもので、宝暦検地の時は畦道《あぜみち》まで耕作地とみなし、家の近くにたまたま生えていた実のなる木々まで年貢の対象にした。6万石はそうやって無理やり叩きだした数字なのである。

もちろん石高が増えれば、その分、年貢も増える。加増のしわ寄せは農民たちに重くのしかかっていく。

結果、萩藩は農民一揆《いっき》が多発する藩として知られるようになる。特に、1831年（天保2年）に起きた防長大一揆では13万人以上の民衆が蜂起《ほうき》した史上最大の一揆に発展している。原因は藩が豪商と結託し、特産品のすべてを藩の専売品にしたためで、この時は農民だけでなく、商人、職人たちまでが怒りをあらわにした。

そして、専売品の収益もまた越荷方の収入と並んで撫育資金の中核をなすもので、いうなれば、この一揆は撫育局が引き起こしたといっても過言ではない。

撫育資金は萩藩の領民たちから搾りとった重税を原資として構築されていた。

もしも、幕末にこの金がなければ、萩藩は攘夷を唱えることも討幕を実現させることもできなかったはずだ。しかし、防長大一揆のようなものも起きはしなかった。

もしも、一般会計に組み入れていれば、戦争はできなかっただろうが、人々が貧困に苦しむこともなかったのだ。

撫育資金の真実

これが撫育資金の真実である。

ただし、撫育についてはここで終わりにすると中途半端になってしまう。

というのも、この後、萩藩は幕府を倒し、新政府を樹立するからだ。維新の志士たちはそのまま要人となり、いまでいう官僚は長州閥によって独占される。特に西南戦争で薩閥が引いたあとはそれが顕著となる。

これが意味するものとは、新政府の官僚制度は長州閥が作り上げたということである。実際、明治新政府の黎明《れいめい》期は、いまの財務次官にあたる大蔵大輔《おおくらのたいふ》が井上馨で彼はのちに大蔵大臣となる。また、局長クラスにあたる大蔵少輔《おおくらのしょうふ》はのちの総理大臣伊藤博文が担っており、大蔵省はその初期から長州閥が牛耳っていた。

そして、なにより注目すべき点は萩藩時代、伊藤と井上の役職が赤間関《あかまがせき》（馬関の意）外人応接掛だったこと（同僚には村田蔵六こと大村益次郎もいた）。

実は赤間関外人応接掛は撫育局直属で、彼らの上司は木戸孝允《きどたかよし》。木戸は赤間関応接場越荷方対州物産貿易事務管掌という越荷方トップの役職で、その下の実働部隊として伊藤、井上、大村が動いていたのだ。

さらにいえば越荷方対州物産取引組駆引として馬関の現地で采配《さいはい》を振るったのは、あの高杉晋作《たかすぎしんさく》であった（『江戸諸藩役人役職白書』）。

この章の初めに、「長州勢は1865年（慶応《けいおう》元年）から翌年にかけての2年間でミニエー銃4300丁、ゲベール銃3000丁、木造蒸気船3隻、鉄製蒸気船1隻などを購入。そのための資金として、少なくとも15万205両の支出があったことがわかっている」と書いたが、これらを購入したのが木戸、高杉、井上、伊藤、大村たちで、彼らに武器の手配をしたのが坂本龍馬であった。

そう。長州出身の志士たちはみな撫育局員だったのである。

撫育局の人間ならば撫育資金の重要さは痛いほどわかっていただろう。一般会計とは一切連動しない、自分たちが好き勝手に使える金。これを密《ひそ》かに蓄えておくことの重要性は彼らが一番よくわかっていた。

明治の官僚機構はそんな彼らが作ったものであり、その制度は約150年経《た》った現在でもほとんど変わっていないのだ。

特別会計と撫育資金

日本の官僚制度はエリートによる権力支配であり、これは明治新政府を支配した長州閥によって作られた。これを打破しようとこれまで多くの政治家たちが制度改革に取り組んだが、一度として成功したことはない、強固な制度だ。

それでもたった一度だけ破壊できるチャンスはあった。それは太平洋戦争後、GHQによって解体されそうになった時だが、結局アメリカ側の日本統治の思惑の中で温存が決まり、現在に至るまでほとんどメスは入っていない。省庁の統廃合はあったにせよ、その仕組みと思想はなにも変わっていない。

つまり、現代に続く、裏会計思想の嚆矢《こうし》は萩藩の撫育資金であり、元撫育局員で大蔵官僚であった伊藤博文、元撫育局員で大蔵大臣であった井上馨、元撫育局トップで明治政府参与であった木戸孝允らがその制度の中に埋め込んでいったものなのだ。

さて、勘のいい読者ならそろそろわかっただろう。

撫育資金とは、現在の特別会計なのだ。

その証拠に撫育資金と特別会計はあまりにもよく似ている。一般会計の数倍の資金力を持ちながら、なにがあっても一般会計とは無関係。中身を公にせず、使用目的も議会の承認を得る必要がない（＝藩主のＯＫさえあればいい）。そして担当者によるムダ遣いまでそっくりだ。

考えてみれば萩藩の志士たちは湯水のように金を使っていた。

高杉晋作は１８６２年（文久2年）幕府の視察船で上海に向かったが、物資の補給のため長崎で約１００日間の足止めをくらっている。この間、彼は毎晩のように豪遊し、芸者の身請けまでして藩からもらった渡航費を残らず使ってしまった。そのため、船が出航する際には買った芸者を転売し、その金を持って上海に向かったほどだ。さらに、上海から帰国すると長崎で見た蒸気船にほれこみ、藩の許しも得ずに売買契約を結んでしまう（結局、藩は金を出さず、契約は反故《ほご》になる）。１８６６年にはやはり長崎でトーマス・グラバー所有の艦船オテントサマ丸を3万６０００両で衝動買いしている。

井上馨にしてもそうだ。イギリス密航資金として藩から渡された６００両（1人２００両で3人分）を伊藤らとどんちゃん騒ぎで全額使いきってしまっている。肝心の留学費用は、江戸屋敷の撫育金を担保に、萩藩出入りの豪商に５０００両借りて工面している。藩の一般会計は切迫しているというのに、１００両、２００両などハシタ金といわんばかりに当たり前のようにムダ遣いしているのだ。

歴史学者の中には撫育資金の説明として「特別会計のようなもの」という人もいるが、それは真実ではない。

真実は、特別会計〝のようなもの〟ではなく、特別会計〝そのもの〟だということだ。

決して滅びない明治閥

特別会計は撫育資金そのもの。

これがわかると、なぜ特別会計が一般会計と別なのか、常に一般会計よりも潤沢な資金であふれているのか、もたちどころに理解できるだろう。

すべては「民よりも藩」＝「国民よりも政府」を優先しているためだ。

撫育だけではない。明治の元勲たちによって作られた制度や思想は現在でもさまざまな場所で生き続け、場合によっては知らず知らずのうちに我々は縛られている可能性があるということだ。

細かなことだが、「裁判」という言葉もそうだ。これはもともと萩藩の行政区分である「宰判《さいばん》」が語源になっている。

萩藩の所領地を18の地区に分けて管轄したものが宰判で三田尻《みたじり》宰判、熊毛《くまげ》宰判などと呼ばれていた。単なる地方藩の行政区分であり、行政官の呼び名であったものが、現在、法律を司る裁判所の名に転じていることに、その影響力の大きさを感じるだろう。
調べてみると明治新政府の司法大輔《しほうのたいふ》には元萩藩志士で松下村塾生の山田顕義《やまだあきよし》が任命されており、彼は内閣制度が発足したばかりの第一次伊藤博文内閣で初代司法大臣となっている。また、現在の最高裁判所の前身である大審院の初代、二代、四代目の院長は萩藩出身の玉乃世履《よふみ》であった。

もちろん、明治に作られた政治制度がすべて悪いといいたいわけではない。

しかし、官僚制度、政治制度の中で、この時期に作られたものは現在においても大きな影響力をいまだに持っているのだ。

私がよく指摘するのは、警察組織における薩摩閥の存在だ。

これは明治期によって作られた派閥で初代の大警視（現代の警視総監）川路利良《かわじとしよし》から二十一代目の安楽兼道まで薩摩藩がほぼ独占状態であり、薩摩以外の七代目、十一代目、十六代目、十八代目にしても土佐藩か、肥前藩、肥後かで、薩長土肥の長を抜いた人々がこの国の警察権力を握ってきた。また、長州は司法の世界を実質的に担ってきた。

明治の制度は平成の世になっても、脈々と生き続けていたのである。

平成27年度一般会計歳入歳出概算

（単位：億円）

区　分	前年度予算額（当初）	平成27年度概算額	平成27年度暫定予算額
歳　入			
1.租税及印紙収入	500,010	545,250	200
2.その他収入	46,313	49,540	63
3.公債費	412,500	368,630	
(1)公債金	60,020	60,030	
(2)特例公債金	352,480	308,600	
合　計	958,823	963,420	263
歳　出			
1.国債費	232,702	234,507	149
2.基礎的財政収支対象経費	726,121	728,912	57,444
（うち地方交付税交付金等）	(161,424)	(155,357)	(29,749)
合　計	958,823	963,420	57,593
差し引き歳出超過額			57,330

注１：歳出超過額については、国庫の資金繰り上、必要に応じ財務省証券を発行することとしている。

注２：計数については、それぞれ四捨五入によっているので、端数において合計とは合致しないものがある。

平成27年度一般会計歳出概算主要経費別内訳

（単位：億円）

事　項	前年度予算額（当初）	平成27年度提出予算額	平成27年度暫定予算額
社会保障関係費	305,266	315,297	21,562
文教及び科学振興費	54,330	53,613	461
（うち科学技術振興費）	(13,372)	(12,857)	(30)
国債費	232,702	234,507	149
恩給関係費	4,443	3,932	1,032
地方交付税交付金等	161,424	155,357	29,749
防衛関係費	48,848	49,801	1,552
公共事業関係費	59,685	59,711	349
経済協力費	5,098	5,064	38
中小企業対策費	1,853	1,856	4
エネルギー対策費	9,642	8,985	–
食料安定供給関係費	10,507	10,417	20
その他の事項経費	61,526	61,379	2,567
予備費	3,500	3,500	110
合　計	958,823	963,420	57,593

出典：財務省

平成27年度特別会計の歳出

撫育資金とよく似た特別会計。こちらの膨大さも似ている。まさに良くできた裏金か？

○特別会計の歳出総額は 403.6 兆円、会計間のやりとり等を除いた歳出純計額は 195.1 兆円
○歳出純計額の大半は国債償還費等、社会保障給付費、地方交付税交付金等、財政融資資金への繰入れ（財投債による資金調達費）。それらを除くと、8.8 兆円。
○ここから、東日本大震災からの復興という特殊な要因である復興経費（3.2 兆円）を除くと、5.6 兆円（対 26 年度当初▲ 0.2 兆円）。

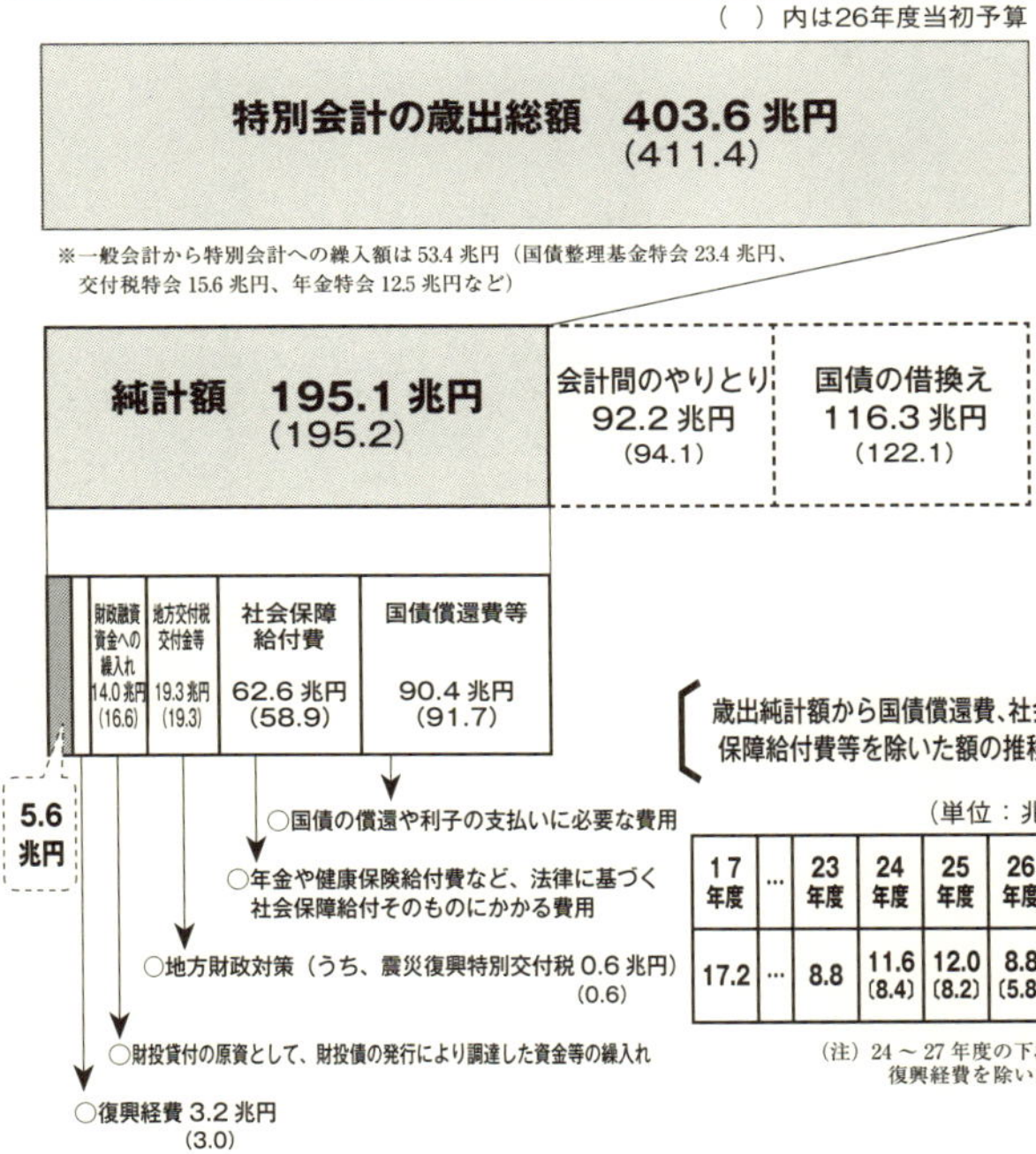

【歳出純計額から国債償還費、社会保障給付費等を除いた額の推移】

（単位：兆円）

17年度	…	23年度	24年度	25年度	26年度	27年度
17.2	…	8.8	11.6 (8.4)	12.0 (8.2)	8.8 (5.8)	8.8 (5.6)

（注）24 ～ 27 年度の下段は、復興経費を除いた額。

出典：財務省

勝てば官軍

我々は、いまだに明治政府の影響下で暮らしていた。

だから、「もし維新の時に内戦が始まっていたら外国に乗っ取られて植民地になっていただろう」「もしも、第二次長州征伐で幕府が負けていなかったら、維新は50年は遅れていただろう」などといった言説がいまだ生きているのである。勝った官軍たちによるメディアコントロールがいまでもしっかり効いているということだ。

なぜ、こんなことになっているのかと言えば、日本ではまともな歴史教育をしていないことが原因だろう。

考えてもみてほしい。

我々が近代史に触れる時、それはどんなメディアを媒体にしているか。

答えは小説とテレビだ。恐ろしいことに、いま日本人は司馬遼太郎の小説やNHKの大河ドラマで日本の近代史を学んでいるのである。いや、司馬遼太郎の小説を読んでいれば、まだまともなほうだ。ほとんどの人々は、テレビドラマを歴史の教科書のような位置づけにしてしまっている。大河ドラマの『龍馬伝』を見れば坂本龍馬が輝いて見え、船中八策《せんちゅうはっさく》や薩長同盟が素晴らしいものだと思ってしまうだろう。主人公たちに感情移入し、その中で歴史も、そういうものだとイメージづけられてしまう。

しかし、当然ながら、これはかなりマズいことである。

そのわかりやすい証拠が「長州藩」という言葉だ。

たぶん、読者の中には「なぜ、この本では長州藩のことを萩藩と書くのだろうか？」とずっと不思議に思いながらここまで読んできた人もいるだろう。

坂本龍馬

実は日本に長州藩という名の藩が存在したことは一度もない。

正しくは萩藩だ。

長州という呼び方は薩摩の薩州、広島の芸州と同じで、長門、周防のあたりを律令制区分で呼んだ時の名残り。明治天皇の外祖父中山忠能《なかやまただやす》の手による『中山忠能日記』でも薩摩のことを薩州、土佐のことを土州、萩藩のことは長州と書いている。だから、当時の萩藩の人間は自分たちのことを〝長州人〟と呼び、自分たちの藩のことを通称〝長藩〟とは呼んでいた。しかし、誰も〝長州藩〟とはいっていないのだ。勝海舟《かつかいしゅう》や高杉晋作の日記などでも長州藩という表現は出てこない。公式文書では〝萩藩〟、普段は〝長藩〟とするのが正しいのである。

たかだか呼び方ひとつがなんだと思うかもしれないが、正式名称が変わってしまっているということは重大な問題だ。これができるということは、歴史を曲げることができる、確かな証明となるからだ。しかも、変わったことにほとんどの日本人が気づいておらず、変わったもののほうが正しいとすら思ってしまっている。

これを「洗脳」というのだ。

恐ろしいのは、わずか150年前の近代史をねじ曲げる力が〝明治維新〟を取り巻く現象の中にあるということ。

本書はそこにメスを入れていくのである。

次章からは、さらに明治維新の闇《やみ》に迫っていこう。

第2章

イギリス外交

イギリスの陰謀

「日本において体制の変化がおきるとすれば、それは日本人だけから端を発しているように見えなければならない。じじつ、その変化はわれわれの考え方と異なる仕方でおきるかもしれないが、それが真に恒久的なものであり、且《か》つ有益なものであるためには、徹頭徹尾、日本的性格という特徴を帯びていなければならない」

この言葉は1866年4月26日、イギリスのハモンド外務次官からイギリス駐日公使ハリー・パークスに宛てた通信の一節（『遠い崖《がけ》―アーネスト・サトウ日記抄』萩原《はぎはら》延壽著）だ。

「それは日本人だけから端を発しているように見えなければならない」

なんとも意味深な言葉だろう。

イギリスが幕末の日本を陰からコントロールしていたことを言外に吐露しているような文言だ。また、これを発信したハモンド外務次官はイギリスの極東政策の現場のトップ。パークスも外相クラレンドン伯爵ジョージ・ヴィリアーズへの通信では明かさない日本の実態をハモンドには内密に打ち明けて指示を仰いでいた。つまり、イギリスの対日方針は実質、ハモンドが決めていたといっても過言ではない。それだけに彼の言葉の意味するものは重い。

こういった事情によって、この通信は陰謀論系の維新本では必ずといっていいほど引用され、イギリス謀略説を裏付けるもととなっている。

しかし、イギリスは本当に日本に対して謀略を仕掛けていたのだろうか？

こういってはなんだが、当時の日本はイギリスにとって、さして重要なものではなかった。

事実、クラレンドン外相は「イギリス政府が日本において求めているのは政治的影響力ではなく、ただ貿易の発展だけである。いかなる内乱の場合にもイギリス政府の政策は中立を保持すること」とパークスに厳命している。

日本の内政には関わるな。クラレンドンはそうはっきり指示していた。

であるにもかかわらず、パークスはハモンドの通信が届いた6日後に薩摩藩の領地、鹿児島を表敬訪問し、藩主・島津《しまづ》茂久《もちひさ》、国父・島津久光《ひさみつ》に謁見している。ここで彼は西郷隆盛と密談し、帰路は長州に立ち寄ったあと伊予《いよ》にも寄港し、開国派として知られる宇和島《うわじま》藩の伊達宗城《だてむねなり》にも会っていた。

一体これはどういうことであろうか？

そしてもうひとつ、伊藤俊輔、五代才助（友厚《ともあつ》）、寺島宗則《てらしまむねのり》ら、薩長の英国留学生たちは、パークスらの通信文の中でエージェントと呼ばれていた。通常エージェントといえば、スパイの意であり、それは現代も幕末も変わらない。

薩長の留学生たちはイギリスからエージェントと呼ばれるような存在であったことも、陰謀説、謀略説に一層の説得力を与えている。

イギリスはやはり薩長など反幕府の雄藩を裏から動かし、維新を促進したのであろうか？

薩長のバックはイギリス？

さて、イギリス外交の謎を解く上で、最初に考えなければいけないのが、巷間《こうかん》言われている幕府のバックにはフランスがつき、薩長のバックにはイギリスがついていたという対比だ。

しかし、これは大きなくくりとしては正しいが、幕末をテーマにして論じる場合は話が変わってくる。なぜなら、薩長のバックにイギリスがついていたというのは普通に考えればとてもおかしなことだからだ。

例えば、大国が小国を乗っ取ろうと考えた場合、小国の政権が大砲を何発かぶっ放しただけで恐れをなして不平等条約にサインするような脆弱《ぜいじゃく》なものだったら、わざわざトップをすげ替える必要があるだろうか。どう考えても、その政権を自国の傀儡《かいらい》にし、その国を陰から操ることを選ぶだろう。

そして幕末時代、外国と和親条約、通商条約を締結したのは幕府であり、それに反対したのは天皇及び攘夷論者たちであった。となればイギリスがバックアップするべき勢力は当然、幕府に決まっている。単なる地方勢力のひとつにしかすぎない上に反欧米勢力の長州や、生麦《なまむぎ》事件でイギリス人を殺傷した薩摩などに肩入れする必要など欠片《かけら》もないのだ。

それでもあえて薩長の味方をするのであれば、イギリスは藩内部の尊攘派を一掃して親英派で固め、そののち幕府転覆をはかるという、二手間も三手間もかかる、まだるっこしいことをしなければならない。こんな面倒なことをしてまで、薩長を応援する義理などどう考えてもイギリスにあるわけがない。

しかも、である。イギリス公使のパークスはどちらかといえば幕府支持者であり、特に十五代将軍徳川慶喜《とくがわよしのぶ》に対しては「日本で会った最も優秀な人物」と諸手を挙げて絶賛しているほど。薩長に肩入れする理由はイギリスの国益的にも、パークスの個人的感情の上においても、どこにもないのである。

そう。イギリスは幕府に対して決して敵対的だったわけではないのだ。

それどころか、フランス公使のロッシュが幕府陸軍の教練のためにフランス陸軍の教官派遣を要請したことがわかった時、パークスは真っ赤になって激怒し、部下のミットフォードにこういっている。

「ロッシュのやつめが将軍の軍隊のためにフランス本国から陸軍教官団を呼ぶつもりだと言うんだ。構うことはない。絶対に対抗してみせる。こちらは海軍教官団を呼ぼう」（『英国外交官の見た幕末維新』A・B・ミットフォード著）

この言葉どおり、パークスは英海軍中佐トレーシー率いる海軍教官団を日本に呼び寄せている。これは幕府の海軍力の増大を意味し、当然ながら反幕府勢力にとって脅威となる。

こんなイギリスのどこが薩長寄りなのか？

はっきり言えば、イギリスは常に幕府側に立っていた。

幕末の日本で親欧米勢力はペリーの来航以来ずっと幕府であったのだから当然だろう。

パークス対ロッシュ

しかし、そうなると先に紹介したパークスの鹿児島訪問の意味がわからなくなってくる。

なにしろ、この時は第二次長州征伐で幕府軍と長州軍が萩藩の国境を挟んで睨み合いを続けていた時期。こんなタイミングで長州と同盟を結んでいる薩摩を訪問するのは幕府から不信を買うだけでなく、幕府を巡って対抗しているフランスを有利にさせてしまうことになる。

実際、フランス公使ロッシュは幕府の依頼を受けて横浜から長崎まで来ていた。長崎でパークスを捕まえ、鹿児島訪問を断念するよう説得してくれと頼まれたからだ。

しかし、ロッシュが長崎に着いた時にはパークスはすでに鹿児島に向けて出航したあとだった。この長崎でロッシュは薩摩藩から鹿児島へ招待されているが、彼はそれをことわっている。

このことでもわかるとおり、フランスはあくまで幕府寄りであり、それは薩長に対して敵対的という意味でもあった。しかし、イギリスは幕府に軸足を置きながらも反幕府勢力の動向にも目を向け、時には接近することも辞さなかった。

このあたりの老獪《ろうかい》さがイギリスとフランスの違いであるが、それは国の方針の違いではなく、ひとえに公使の資質の問題に起因するようであった。

パークスは幼い頃《ころ》に両親を亡くし、13歳で清《しん》国に渡り、15歳で広東《カントン》領事館の通訳の仕事をするようになっていた。広東領事になってからはアヘン戦争（1840～1842）に深く介入し、清に捕まり投獄されたこともある、いわば実力だけでのし上がってきた、叩き上げの中の叩き上げだ。その外交のやり方も武力を持って脅しあげる砲艦外交を基本とする恫喝《どうかつ》型であった。

一方、ロッシュはフランス革命で活躍したジロンド派の指導者の1人、ロラン夫人を大叔母に持つ、富豪の息子。青春時代をアルジェリアで過ごし、フランスのアルジェリア侵攻の際にはアルジェリア側で活躍している。熱血漢でロマンチストというのがおおむね彼の評価であった。現地の人間と親しくなり、そこに肩入れしやすい性格だったようだ。

その様子をミットフォードはこう評している。

「パークス公使とロッシュ公使はお互いに憎み合い、二人の女のように嫉妬《しっと》し合っていたといっても言い過ぎではあるまい」

さきほどの幕府陸軍の話でもそうだが、2人は幕府を間に挟んで、〝お互いに憎み合い、嫉妬して〟いたのである。

この育ちと性格の差が、幕府という、欧米人から見たら弱小政権への肩入れの度合いの差となったのである。

パークス対西郷隆盛

とはいえ、パークスがロッシュと比べて特別薩長寄りであったというわけでもない。

さきほどから話しているように、パークス自身はやはり幕府支持を表明しているのだ。

それは鹿児島で西郷と会談した時にも明らかで、当初西郷はパークスとの秘密会談でかなり困惑している。

「パークスは相当幕府寄りの気配が感じられ、会談も決裂となりそうな状態にたちいたりました」と家老の岩下方平《いわしたみちひら》への手紙で書いている。

ここでの会談内容はのちのち重要となるので触れておくが、パークスがなぜ、鹿児島を訪問したのかといえば、彼らから招待されたということもあるが、確認したいことがあったからだ。それは兵庫開港を西国雄藩たちがこぞって反対したことだった。イギリスを筆頭に外国勢が望んでいることは貿易で利益を上げることであり、開港はそのために最も必要なこと。それに反対することは外国勢に対して敵対することを意味する。

しかし、この当時の薩長はイギリスに対して友好の姿勢を示しており、外国勢に歯向かうとは到底思えない。パークスはどんな理由で、開港に反対したのか、彼らから直接聞くために鹿児島まで赴いていたのである。

そして西郷と会談した結果、当初から噂《うわさ》されていたとおり、薩長たちは外国に歯向かうためではなく、幕府が貿易を独占するのを阻止するために一旦《いったん》開港に反対し、朝廷の調整のもとで、大名会議を開いて、広く日本の港を開港するためだったことが判明する。

西郷は、開港に反対したのは幕府の利益独占を妨害するためで、開港そのものが反対ではないと説明し、パークスは一応納得している。ただし、イギリスにとっては、誰が開港し、誰が利益を独占しようと興味はない。それよりも条約で決められた開港の動きを台無しにすることはどんな理由があっても容認できないので、二度としないように釘《くぎ》を刺すことも忘れなかった。

これが西郷とパークスの秘密会談の内容で、パークスは最後に「江戸で信頼できる人物（寺島宗則）をとおして、薩摩と連絡をたもちたい意向」まで示したという（『遠い崖』萩原延壽著）。

それは日本人だけから端を発しているように見えなければならない

このようにパークスの立場は常に明快だ。イギリスにとって重要なのは貿易であり、それを阻止しようとするものは何者であれ敵、それを促進するものは何者であれ味方である、という点で一貫していた。

それはハモンドの言葉「それは日本人だけから端を発しているように見えなければならない」でも同様なのだ。

実は、ハモンドの書簡は、パークスが薩摩藩から領地訪問の招待を受けたことの報告と、同時に、イギリスと関係を持ちたい雄藩があったら会ってみたいという意向を本国に伝えた返書なのだ。内政干渉する気がないイギリス本国では、「あまり派手に動いて、イギリスが関与しているような印象を持たれることは避けろ」と指示しているだけだったのだ。

だから、この通信文は「これこそイギリスの陰謀の証拠だ！」と大騒ぎするほどのモノでは決してない。インドや清を植民地にし、大規模な搾取を行ったイギリスはインドの独立戦争やアヘン戦争を引き起こしており、そのために財政難を招き、現政権の支持率も下げてしまっていた。武器商人が太るだけで、イギリスの国益的にはなんのメリットもない内政干渉など懲り懲りだったのだ。

それでもインドと清は国土の広さ、大規模な消費地としての潜在能力があり、そうはいっても戦争を起こす価値はまだあった。しかし、日本は消費地としてそこまでする必要は認められない。よって、ハモンドは「それは日本人だけから端を発しているように見えなければならない」と書いたのだ。それはインドや清の轍を踏むな、という意味であり、謀略を促す言葉ではなく、真意はその逆で、暴走するかもしれないパークスを戒めるための言葉だったのだ。

結局、イギリス公使もフランス公使も幕府寄りであり、若干パークスのほうは薩長を視野に入れていたものの、肩入れするほどではなかったということだ。

では、一体、誰が薩長のバックについていたのだろうか？

英国策論

実は、薩長を陰からバックアップしていた人間はパークスでもロッシュでもなかった。

それはイギリス駐日通訳官のアーネスト・サトウであった。

彼は初代イギリス総領事オールコックの時からの通訳官で、当時の公使館の中では最も在日経験が長く、また通訳官だけに日本語も堪能《たんのう》であった。サトウはドイツ人を父に、イギリス人を母に持ち、「サトウ」という姓はスラブ系の姓で、日本の「佐藤」姓とは関係ない。が、サトウ自身は「薩道」や「佐藤」という漢字を当てていた。

幕末の日本は攘夷派が突然開国派に変わり、佐幕派が突如倒幕派に変わる混沌《こんとん》とした時期。そんな複雑怪奇な日本の実情を目の当たりにしてきた外国人はサトウだけだった。薩摩を艦砲攻撃した1863年の薩英戦争、長州の馬関を攻撃した1864年の下関戦争に参加し、薩摩の五代才助、松木弘安《まつきこうあん》（寺島宗則）、萩藩の伊藤俊輔、井上聞多と胸襟を開いて会話ができるのも彼だけ。当時の日本の情勢と、武士たちの動向を最も理解していた外国人は彼以外にいなかったのだ。

そんな彼の名を一躍有名にしたのが英字紙『ジャパン・タイムズ』に匿名で寄稿した『英国策論』というコラムだ。これは日本の元首は将軍ではなく天皇であると説き、将軍が貿易を独占しているのは不当であり、諸藩は自由貿易を行う権利を持っていると主張するもので、これは、当時の西国の雄藩たちが最も欲していた大義名分であった。

〝私たちは幕府を倒したいのではなく、自由な貿易がしたいだけ。幕府はそれを妨害するがゆえに仕方なく対抗しているのである〟

さきほど紹介した西郷とパークスの会談で、西郷が訴えた「薩摩藩は自由貿易を望んでいるだけ」の元ネタがこのサトウの『英国策論』だった。

サトウは日記の中で、自分の『英国策論』がのちに日本語訳され、諸藩の藩主や家老たちに読まれるようになったと書いているが、英字紙に書いた匿名の記事がなぜ日本語訳され、さらにサトウの筆によるものだと日本人がわかったのだろうか？　その答えは簡単で日本語訳したのはサトウ本人であり、西国諸藩に回るよう五代や伊藤、勝海舟らを使って配布したのだろう。彼らは皆、サトウの日記にたびたび名が出てくる日本人たちであり、それこそ、全員〝エージェント〟と呼ばれていた。勝に至っては幕府の情報は彼からもらっていたとはっきり書いてあるほどだ。

この『英国策論』は、薩摩だけではなく萩藩も宇和島藩も藩是の参考として大いに活用し、パークスら外国公使との会見などでは、判で押したように倒幕ではなく、自由貿易を望んでいると答えている。

この言葉を聞いたパークスは「彼らが将軍になんの悪意もいだいていないし、王朝の変革ではなく、ただ制度の変革を望んでいるだけであると宣言するのを聞いてよろこんだ」という（『遠い崖』）。

しかし、もちろん、薩長たちは制度の変革だけでなく、王朝の変革＝倒幕こそがその最大の望みであった。薩長のその望みに気付き、そして応援していたのがアーネスト・サトウであった。

この時点で英国外交はパークスが進める幕府尊重の外交と、サトウが密かに進める倒幕運動と2つの流れができていたのである。

密かな倒幕運動

このサトウについては、当時彼の上司であった駐日英国公使館の書記官アルジャーノン・ミットフォードが詳しく書いている。本書でもすでに彼の著書『英国外国官の見た幕末維新』からいくつか引用しているが、彼の著述の真骨頂は、サトウを、友として、日本における先輩として、また、策略家として全幅の信頼を置いている点にある。自分が貴族階級（サトウは平民出身）であることも、年齢が6つ上（サトウは当時23歳）であることも一切頓着《とんちゃく》せず、サトウを信頼し、時に尊敬の目で見ていた。

「サトウと私はよく連れ立って出掛けたものである。私は名目的には上職者であったので、我々の行動の報告書を自分で作成しなければならなかったが、はっきり言っておきたいのは、私が記録し報告した仕事と立案責任者はすべて彼（サトウ）であった。あの重大な危機に臨んで、彼の果たした業績は最大の賛辞に値するものでこのことは深く銘記されるべき事柄である」

もちろん、賛辞に値する事柄とは、イギリス側から見た場合である。

では、サトウの果たした業績とはどんなものであろうか？

そのヒントをミットフォードは著書の中にいくつも残している。

例えば、当時彼らが誰と会っていたか、は重要だろう。

それについてミットフォードは、「イギリス公使一行が将軍慶喜謁見のために大坂入りした際、ほとんど毎日のように会っていたのが薩摩藩の小松帯刀《こまつたてわき》、長州藩の伊藤俊輔、木戸孝允、井上馨、土佐藩の後藤象二郎《ごとうしょうじろう》、中井弘蔵」と書いており、最も親しかったのは井上だったと回想している。

さらに、ミットフォードは「薩摩藩の侍は猛々《たけだけ》しい戦士であり、長州藩の侍は策略家だ」とも書いている。

薩摩藩の小松や西郷が猛々しいだけの侍だとはとても思えないが、萩藩の伊藤、木戸、井上が、邪気のないミットフォードの目から見ても策略家に映っていたことは留意しておく必要がある。

ともかく、翌年1月には鳥羽・伏見の戦いが始まる1867年3月、薩長土の親英派の侍たちが〝ほとんど毎日〟のようにサトウたちを訪ねていたことは注目に値する。

もうひとつ、ミットフォードは興味深い出来事を日記に残している。

それはサトウとミットフォードが加賀藩の首都金沢に赴いた時のことだ。彼らは加賀藩の指導者たちに七尾港を外国船に開港しないかと持ちかけ、そのメリットを説くために同地を訪れていた。

しかし、加賀藩ではまだ幕府の権威を恐れており、反幕府勢力に加担するかどうかの肚《はら》は決めかねていた。ただし、彼らは藩士を2人、英国留学させており、英国側に立つ可能性は十分にあった。そういう状況の中で、秘密会談は順調に進み、サトウは「イギリス側としては加賀の大名の希望に添って行動するつもりであるし、貴藩の利益を少しでもそこなうことは決してしないつもりだと答え、江戸に帰ってからも秘密を保ちながら互いに通信する」（『遠い崖』）約束をして会談を終えたという。

そして、この時だ。ミットフォードによると、加賀藩の侍たちにサトウはこんなことを最後に言ったらしい。

「加賀藩から2人の藩士を弟子にしよう」

サトウは会談の成功に喜び、加賀藩の藩士を弟子にしてもいいと提案したというのだが、この何気ない一言はなんとも意味深だろう。

サトウの弟子。それは加賀藩にとっても英国にとっても役に立つ、英語と諸外国の文明、制度に精通した侍を育成するという意味以外にはとれない。しかも、これまで何人もそういった〝弟子〟を育成してきたような口ぶりである。

そう。これこそがエージェントなのだ。

サトウが創りだした弟子、それがイギリスのエージェントであり、同時に各藩のエージェントだった。

つまり、サトウは実質的なスパイマスターの役目を幕末の日本で果たしていたのである。

エージェント

そろそろここで2つ目の疑問、エージェントについて考えてみよう。

陰謀論系の本ではよく紹介されるエージェントは薩摩藩の松木弘安（寺島宗則）だが、彼は留学中にクラレンドン外相のもとを訪ね、薩摩がいかに自由貿易を望んでいるのか、そして幕府がそういった雄藩たちの意思を邪魔しているのかを訴えている（ここでも『英国策論』の内容を踏襲している）。

そこで得た情報をクラレンドン卿はパークスに送っているのだが、この通信の中で、〝薩摩のエージェントが英国に来たことが幕府にバレたら命の保証はないから、慎重に対処してほしい〟と指示している。

クラレンドン外相のこの書簡が、松木エージェント説の始まりであるが、読めばわかるとおり、エージェントといっても、それはイギリスのエージェントではなく、薩摩のエージェントだ。松木は薩摩藩の人間であるから、薩摩のエージェントであるのはなんの不思議もない。

しかし、松木及び、ともに渡英した五代才助はしばしば〝イギリスのエージェント〟と言われてきた。

その理由は薩英戦争が始まる直前、薩摩藩の蒸気船3隻とともにイギリス艦船に拿《だ》捕《ほ》され、捕虜になっているからだ。まるで戦争を避けるために自ら捕まりにいったような行為のため、あの2人はイギリスのスパイだと藩内部からも言われて、その後なかなか帰藩できなかったが、これこそまさにエージェントのエージェントたるゆえんであろう。

この幕末時代、誰が敵で誰が味方なのか、よくわからない事態がたびたび出現するが、その原因はこのあたりにある。

要は、薩摩藩といっても開国に反対する本気の攘夷派が存在する一方、開国に賛成し、外国の力を利用して倒幕に向かおうという一派も存在したということだ。これは萩藩内部もそうだし、土佐藩内部もそうだった。いわゆる西国雄藩はどこもこの二派が拮抗《きっこう》し、その時々において優勢になったほうが藩是となり、藩政を左右したのである。

わかりやすいのが萩藩だろう。萩藩は最初、長井雅楽《うた》の唱えた「航海遠略策」を藩是とし、開国派かつ公武合体派であった。ところが、長井はすぐに失脚し、萩藩はゴリゴリの尊皇攘夷派となり、外国人の排斥《はいせき》を始めるが、1863年アメリカ艦隊などを砲撃し攘夷を決行するが逆に砲撃されて敗北すると開国派が力を持つようになり、尊皇倒幕派に変わる。翌年、第一次長州征伐と下関戦争で敗北すると幕府恭順派となり、多くの倒幕派武士たちが処刑される。しかし、その年の終わり、高杉晋作が奇兵隊を率いて決起し（功山寺挙兵《こうざんじきょへい》）、クーデターを成功させると、再び、尊皇倒幕派となり、明治維新に突っ込んでいくのである。

ここで面白いのは、尊皇倒幕派は決して尊王攘夷派ではないということだ。基本的な構成員は変わっていないのに、彼らは数年もしないうちに攘夷派から開国派へと変わっていたのである。

ここに元攘夷派の後ろめたさがある。

最初は攘夷であり、夷狄《いてき》を滅ぼすために立ち上がった彼らであったのに、夷狄のあまりの強さにあっさり白旗をあげてしまったのだ。

白旗をあげた彼らは、振り上げた拳の落とし所として倒幕を選ぶ。外国の力を借りて、腐った徳川時代を打ち倒し、俺たちが新しい日本を築き、富国強兵し、やがては外国に打ち勝ち、攘夷を貫徹する。これが明治を作った元勲たちの通底した思いであり、転向したことの言い訳だった。

サトウの『英国策論』はそんな彼らにとって心の底から欲していた、大義名分だったのだ。そしてだからこそ、サトウのもとに薩長の人間たちが集まってきたのである。

サトウの弟子。彼らは、いつかは攘夷を行うために、各藩から送られたエージェントであり、それは同時にサトウからイギリスの思想を植え付けられ、イギリスのエージェントにもなってしまう侍たちのことであった。そして、多くの場合、彼らは密航留学生であったのだ。

長州ファイブ

文久3年5月12日（1863年6月27日）、伊藤博文と井上馨、山尾庸三《やまおようぞう》、野村弥吉（井上勝）、遠藤謹助《えんどうきんすけ》はイギリスへと密航した。彼らはいわゆる長州ファイブといわれる萩藩の内諾を受けて旅立った若者たちだが、「はじめに」でも指摘したように、出航2日前の5月10日、萩藩は外国船に対して攻撃を開始している。

外国船を攻撃しておきながら、外国に藩費を使って密留学するのはつじつまが合わない。また、外国船に攻撃しておきながらイギリス船には攻撃していないのも不思議だ。イギリス船が砲撃を受けなかったのは偶然かもしれないし、前もって知っていたのかもしれない。幕府から指示された攘夷実行の期限は文久3年5月10日であり、この情報を入手しようと思えばそれほど難しくもなかっただろう。

しかし、イギリスに密航留学生を送る一方で、イギリス船を攻撃しないのは、両者がどこかで内通していたのではないかという疑問はぬぐえない。

もちろん、彼らがイギリスと通じていたことの物的証拠などはあるわけがない。たとえあったとしても、のちに明治の元勲となった、伊藤、井上らがそんなものを残しておくわけがないからだ。

では、まったくのデマで、邪推なのであろうか？

実は物的証拠とはいえないがかなり面白い状況証拠が発見されているのだ。

それは彼らが密航留学したロンドンにあった。

別行動

まず、伊藤、井上たちの密航の様子を見ていこう。文久3年5月12日、横浜港に集まった彼らは元ジャーディン・マセソン商会の横浜支店支配人ウィリアム・ケズウィックの手引で上海に向かう。ケズウィックはのちに香港上海銀行の会長となる人物で、彼の孫は元ジャーディン・マセソン商会の代表。かなりの有力者が日本からの出航を見送ったことになる。

上海では港にいる外国船の大きさを見て驚愕《きょうがく》した井上が、「こんな奴《やつ》らに勝てるわけがない」と萩藩の右筆《ゆうひつ》・周布政之助《すふまさのすけ》に書き送っている。これにはさすがの周布たちも「上海にいっただけでもう転向したか」と呆《あき》れていたらしい。

そんな井上はさらに間違いを起こす。留学の目的を聞かれたときに海軍の研究という意味でネイビーといおうとしたところ、誤ってネビゲーションと言ってしまったのだ。このため、ジャーディン・マセソン商会の上海支店長は、航海術の修業をさせてやろうとわざわざ300トンのペガサス号を用意したのである。

そのため伊藤、井上は300トンのペガサス号で、ほかの3人はホワイト・アダー号という500トンの客船でロンドンに向かうことになるのだが、ここである事実を見つけたので紹介しておこう。

船舶保険の世界的大手ロイドレジスターグループのHPにはこんなリポート（「日本の造船・海運とロイドレジスターの関わり」）があったのだ。

「（前略）伊藤と井上は525トンの帆船ペガサス号に乗船し、通常の乗組員として働いた。その航海は130日を要した。あとの3人は915トンの客船ホワイト・アダー号に乗船した。どちらもイギリスで建造された船で、ともにロイド船級で建造されており、ペガサス号は＊15Ａ1、ホワイト・アダー号は＊10Ａ1を取得していた（後略）」

長州ファイブ関連の書籍などはいずれもペガサス号は300トンと記述されているが、本当は525トンだったのだ。ロイド船級15Ａ1というクラスがどんな内容であるかがわかれば、さらに面白いのだが、ともかくペガサス号は巷間言われているよりは大きな船であった。

ホワイト・アダー号とよく比較されるカティ・サーク号は936トンで28人乗り。だから、500トンであってもそれほど大きな船だとはいえないのは確かだが、長州ファイブと言われながら、伊藤と井上は不思議にほかの3人とは別行動を取っている。

半年間の疑惑

さて、ロンドンに着いた5人はやはりマセソン商会の支配人ヒュー・マセソンの斡《あっ》旋《せん》で、下宿先を探してもらう。

井上と山尾は画家のアレキサンダー・クーパーの自宅に下宿し、伊藤、遠藤、野村の3人はユニバーシティ・カレッジの化学教授のアレキサンダー・ウィリアムソン博士の家で生活するようになる。ちなみに、アレキサンダー・ウィリアムソンの父は東インド会社で書記をしていた。

ここから5人はユニバーシティ・カレッジに通うことになるのだが、ここで伊藤と井上は不思議な行動を取るのだ。

彼らが通っていたユニバーシティ・カレッジは年度毎の学生登録簿が保存されており、これを見ると学生たちがどんな科目を聴講し、いくら聴講料を支払ったかがわかる。

歴史家の犬塚孝明氏は長州ファイブの記録を探して著書『密航留学生たちの明治維新』の中で紹介している。

山尾　分析化学　4ヵ月分　14ポンド14シリング
伊藤　分析化学　2ヵ月分　8ポンド8シリング
野村　分析化学　7ヵ月分　23ポンド2シリング
遠藤　分析化学　7ヵ月分　23ポンド3シリング

犬塚氏は「全員が分析化学をとっている。どういうわけか井上の名前がない。おそらくなんらかの理由で授業料の支払いが遅れたのであろう。ちなみにその他の科目では一八六五年二月七日付けで野村と遠藤が地質鉱物学を、山尾が土木工学をそれぞれ選び、同年十月十八日付けでは野村だけが数理物理学をとっている」と書いている。

幕末維新に詳しい読者ならばご存じだろうが、この後、４カ国連合による長州攻撃が開始されると知り、なんとしてでも戦争を止めるべく、井上と伊藤が急遽《きゅうきょ》帰国することになる。

よって、この両者がイギリスにいた期間はわずか半年ほどなのだが、それはあくまでアクシデントであり、最初の予定では２人も山尾らと同様に数年間留学する予定であった。

ところが、記録を見ると伊藤は聴講料を２カ月分しか入れていない。井上にいたっては金さえ払っていない。

留学目的で渡英していながら大学に金を払わないというのはどう考えてもつじつまが合わない。

ひとつ言えるのは最初から伊藤と井上だけは早めに帰ることが決まっており、伊藤は２カ月分しか学費を入れず、元来が遊び好きの井上は大学には通わず、〝遊学〟を繰り返していたのだろう、ということだ。

イギリスで初めて知ったというストーリー

確かな証拠はどこにもない。しかし、何年も留学する予定の2人が、大学に納めた学費は「伊藤は2カ月分」「井上はゼロ」というのはなんとも不可解な話なのだ（山尾の4カ月分も気になる。もしかしたら、彼も帰る予定だったのかもしれない）。留学費1人1年分1000両、合わせて5000両は前渡ししている。であるのに、7カ月分払っている人間と、まったく払っていない人間がなぜ出てくるのか？

いや、それ以上に現在いわれている長州ファイブのストーリーは根本的につじつまがあっていないのだ。

文久3年5月10日に萩藩が外国船舶を無差別砲撃することを伊藤たちは知っていた。それは『伊藤井上二元老直話維新風雲録』の中で、伊藤自身がそう語っているので確かだ。であるのに、4カ国連合艦隊が報復に出そうだといって驚き、急遽帰国するのは違和感がある。「帰る国がなくなったら元も子もない」という理由で、伊藤と井上は帰ってくるのだが、それなら出国する前に思いとどまるのが普通だろう。これから攘夷をやろうという時に、攘夷の本家本元イギリスに行くほうがやはりおかしいのである。

ただし、彼らが出来レースの中で動いていたというつもりはない。井上は、攘夷派に襲われて斬《き》られており、彼らが命懸けで各々の信念を貫いていたことは確かだ。そこに対して疑義を申し立てるつもりはない。

私が言いたいのは、いま伝わっているストーリーがあまりにも、つたないということだ。自藩の存亡の危機を英国で初めて知って急遽帰国したというストーリーには、無理がある。

無理のない、誰もが理解しやすい理由は、イギリス側が日本人の有望な若者を英国に送り、その国力を見せつけると同時に文明の利便性を教えこむことで、彼らを英国側に取り込んでしまったというほうだ。

日本の統治法

「もしも両刀階級の人間をこの国から追い払うことができたら、この国の人民には服従の習慣があるのであるから、外国人でも日本の統治はさして困難ではなかったろう。だが、外国人が日本を統治するとなれば、外国人はみな日本語を話し、また日本語を書かねばならぬ。さもなければ、そうした企図は完全に失敗に終わるだろう。しかし、この国には侍が多く存在していたのだからこうした事は実現不可能であった」

これはアーネスト・サトウの著書の一節だ（『一外交官の見た明治維新』）。

少しわかりにくい日本語訳だが、要は、「もしもイギリスが自ら日本を統治しようと思えばできなくはない。なにしろ、この国の人民には服従の習慣があるのだから。ただし、そうするためには言葉の壁を乗り越える必要があり、その試みはたぶん失敗に終わるだろう。そんなことをするよりは、せっかく侍階級があれほどたくさんいるのだから、彼らに統治させるのが一番だ」と。

日本人を統治するのは侍階級に任せるべきであり、イギリスは侍階級だけを統治すれば日本を掌握できる。サトウははっきりそういっている。

これはハモンド外務次官の「日本人から端を発したように見えなければいけない」と同じ意味であり、謀略の度合いはサトウのほうがより深い。

さらに彼はこんなことも書いている。

「従来われわれが日本で経験してきたことからすれば、小ぜりあいをすることによりかえって日本人の目が開け、以前に増して外国人のすべてと親しくなるようになろう」

これはサトウの上司でイギリス公使付き医師兼筆頭書記官ウィリアム・ウィリスが凶暴な日本人から身を守るには日本人と外国人の生活圏を完全に分けてしまえばいいといった時にサトウが発したセリフだ。

日本人を制するには実力差を見せつけるほうが効果的だということだ。

そして、サトウはこうも言う。

「これには桂《かつら》（小五郎）も同意見であった」

桂小五郎（木戸孝允）が同意見ということは小ぜりあいとは下関戦争のことであり、薩摩でいえば薩英戦争のことだろう。イギリスはこの2つの戦争によって日本に橋頭《きょうとう》堡《ほ》を築いたことを、この言葉で認めたようなものだ。

日本人が多少反発してきても圧倒的な戦力でもって潰《つぶ》してしまえばいい。一度彼我の力の差を見せつけておけば、日本はその後、従順になり、尻尾《しっぽ》を振ってくる。これが当時のイギリス人たちが経験的に学んだ日本統治法であった。

これがイギリスの外交なのだ。恫喝《どうかつ》と搦手《からめて》、アメとムチを巧みに使い分けながら、幕府勢力と反政府勢力をともに操り、最終的においしいところをいただくのである。

そして、そのやり方は現在でも続いているのだ。

日本の官僚たちをアメリカやイギリスに留学させて、彼らの考え方を学ばせるとともにその国の政治家、有力者とのパイプを作る。それが日本に帰った時の力となり、外国からすれば、日本における楔《くさび》となるのだ。

そう。留学生はそもそもエージェントであり、それは21世紀の現代でも変わらないのである。

ご購読ありがとうございました。今後の出版企画の参考に致したいと存じますので、ぜひご意見をお聞かせください。

書籍名

お買い求めの動機

1　書店で見て　　2　新聞広告（紙名　　　　　　　　　）

3　書評・新刊紹介（掲載紙名　　　　　　　　　　　　）

4　知人・同僚のすすめ　　5　上司、先生のすすめ　　6　その他

本書の装幀（カバー），デザインなどに関するご感想

1　洒落ていた　　2　めだっていた　　3　タイトルがよい

4　まあまあ　　5　よくない　　6　その他(　　　　　　　　　　)

本書の定価についてご意見をお聞かせください

1　高い　　2　安い　　3　手ごろ　　4　その他(　　　　　　　　　　)

本書についてご意見をお聞かせください

どんな出版をご希望ですか（著者、テーマなど）

郵便はがき

料金受取人払郵便

牛込局承認

7734

差出有効期間
平成30年1月
31日まで
切手はいりません

162-8790

東京都新宿区矢来町114番地
神楽坂高橋ビル5F

株式会社ビジネス社

愛読者係 行

ご住所 〒 TEL: ( )　FAX: ( )			
フリガナ お名前		年齢	性別 男・女
ご職業	メールアドレスまたはFAX メールまたはFAXによる新刊案内をご希望の方は、ご記入下さい。		
お買い上げ日・書店名 年 月 日　市区町村　書店			

第3章

外国商社

もう1人の男

イギリス公使書記官アルジャーノン・ミットフォードは、前章でも紹介したとおり、アーネスト・サトウを絶賛していたが、もう1人、「いままであまり認められていなかったが、サトウと同じ意味で大いなる協力者がいた」と自著に書いている。

サトウと同じ意味ということは、反幕府勢力、薩長《さっちょう》をバックアップし、イギリス外交にも大きな影響を与えた人間ということになる。しかも、英国外交官の目から見て、〝大いなる協力者〟ということは相当な貢献度ということになる。

果たして、その人物とは、長崎の外国商人トーマス・ブレーク・グラバーだ。

ただし、ミットフォードがグラバーについて記述しているのは、そのわずか2行ほど。あれだけサトウを絶賛し、サトウについては膨大な量を記しているのに、それと「同じ意味で大いなる協力者」だったグラバーについてはたった一言で終わらせている。

その理由は彼があまり公にできない部分での協力者だったからだ。

本来なら、自分の著書に名前を出すのもはばかられるような仕事をしていたダーティな人物であったが、それでもどうしても名前を書き残しておきたかったイギリス外交にとって重要な協力者。それがグラバーだったことが、この一言に込められている。

では、グラバーは一体どんなダーティな協力をしたのであろうか？

実は、そのあたりの研究はすでに終わっている。

彼は武器商人であり、イギリス本国の幕府支持とはまったく逆の反政府勢力であった薩長を、特に薩摩を強力にバックアップしていたことはいまや多くの研究者が指摘しているとおりだ。

よって、その部分を本書でクローズアップすることはしない。

本書でクローズアップするのはその先だ。

グラバーが、そして当時日本にいた外国商人たちが実際にはなにをしていたのかを解き明かそう。

フリーメイソン疑惑

さて、グラバーを必要以上にダーティな人物にしている最大の要因はフリーメイソン疑惑だろう。

この噂《うわさ》の発端はグラバー園にある。この公園は旧グラバー邸、旧リンガー邸、旧オルト邸をもとにその他の歴史的建造物を移築し、一般開放している。

しかし、この園には問題があり、そのことはグラバー園も自覚しているようだ。

「グラバー園固有の問題の一つは、移築された建物と元の位置に建つ建物が一緒に展示されているので混乱を招くことです。南山手の乙28番地に建っていた旧ウォーカー住宅は、グラバー園内に移築されることによってその雰囲気と存在感が薄れてしまったと言えましょう。同じく、フリーメイソン・ロッジの門柱を旧リンガー住宅横に設置したことは、グラバー園を訪れる人にフレデリック・リンガーまたはトーマス・グラバーがフリーメイソンであったのではないかという誤解を与えてしまう可能性があります」（グラバー園ＨＰより）

グラバーがフリーメイソンだといわれる最大の理由は、園のＨＰでも指摘されるようにメイソンのマークが刻まれた門柱を移築したことだ。グラバー園にコンパスと直角定規のマークがあれば、彼がメイソンリーであると思うのもしかたないだろう。

しかし、この門柱はほかの場所から持ってきたものであることは間違いない。よって、グラバーとフリーメイソンリーはなんの関係もないのである。

そもそも、フリーメイソンになれば名簿に名前が記されるはずだが、トーマス・ブレーク・グラバーの名は、長崎や故郷アバディーンのメイソンロッジにもなく、彼がフリーメイソンであった証拠はどこにもない。

日本で最初のメイソンである幕臣・西周助（哲学者西周《あまね》。オランダ留学中にメイソンリーに入り、帰国後、将軍慶喜の側近となる。明治政府に出仕後、学者となる）のように、オランダのメイソンロッジに名簿があるならまだしも、グラバーとメイソンリーの関係はかなりグレーだということは頭の片隅に入れておいてほしい。

では、なぜ、ミットフォードが彼のことを書けなかったのかといえば、武器の密輸をしていたからにつきる。グラバーの大きな財源だった武器の輸入は幕府と外国公使たちの間で交わした条約に違反するものであり、表向きイギリスが認めるわけにはいかないものだった。だからこそミットフォードはグラバーの行動の詳細を書けなかったのだ。

よって、グラバーについて確かなことは、彼は武器商人として幕末に関わってきたこと。そこで巨大な富を築き、裏から維新を操ってきたということだけ。

しかし、それゆえに、彼の存在は重要だったのである。

利用されたグラバー

そもそもトーマス・グラバーについて、いまの日本人が抱いているイメージは〝武器弾薬の売買で大儲《おおもう》けした抜け目のない男〟というものであろう。

しかし、本当にそうだろうか？

武器弾薬の売買で大儲けしたことは間違いないし、一時は日本で最も羽振りのいい外国商人であったのも確かだろう。

しかし、グラバー商会は1870年（明治3年）に倒産している。羽振りがよかったのはわずか数年で、維新が終わったら、アッという間に零落してしまっている。決して、抜け目ない男だったわけではなかったのだ。

もしかしたら読者の中には、〝当時、日本に来ていた商人など皆海千山千の人間で、幕末の殺伐とした時代だったから金持ちになれただけ。平和な時代になったら、稼ぐことなどできなかったんだろう〟と思っている人もいるかもしれない。

しかし、それは大きな間違いだ。

実は、この時代にやってきた商人たちは抜け目ないという意味も含めてかなり優秀であった。

その筆頭がジャーディン・マセソン商会だろう。同社は現在タックスヘイブンであるバミューダ島に本社を置き、フォーチュン500にもランクインする世界最大級のコングロマリットとなっている。日本人に馴染《なじ》みのあるグループ企業でいえば、マンダリンオリエンタルホテルがある。もっとも同社の前身が東インド会社（のちに触れる）であることを考えれば、世界的に影響力を持つグローバル企業になるのもむべなるかな、だが。

また、1861年（文久元年）に、イギリス人のフレデリック・コーンズとウィリアム・G・アスピナルが横浜で創業した商社アスピナル・コーンズ社は最初、茶と絹の輸出を手がけていたが、1863年からP&O社（Peninsular and Oriental Steam Navigation Company＝当時の郵便航路を独占する英国海軍省肝いりの勅許会社）の代理店となり、1868年にはロンドンの海上保険会社のシンジケート、ロイズのエージェントになることで世界の海の情報にも精通するようになる。ロイズの情報網はいまでも米英の情報機関を凌《しの》ぐと言われているほどで、アスピナル・コーンズ社は安定収入の確保と正確な情報をいち早く取り込むことで、商社として成功したのである。

そして同社は現在、社名をコーンズに変え、東京青山にショールームを構えてロールスロイスやフェラーリなど高級外車の販売代理店や、海上保険代行業など複合企業へと成長している。

アメリカのウォルシュ・ホール商会は「グラバーを先兵とするイギリスのジャーディン・マセソンと競う大手貿易商社」（三菱グループホームページより）で、三井物産創業者の益田孝氏が社員として働いていたこともある。1876年には初代英国公使のラザフォード・オールコックと共同出資で製紙工場を設立。のちに三菱の創業家岩崎家に譲渡し、現在の三菱製紙となっている。ちなみに同社のパートナーだったフランシス・ホールの兄エドワードは故郷コネチカット州エリントンで男子校を創設し、そこには岩崎弥太郎の弟、岩崎弥之助が1872年に留学している。

このように、世界的な企業として現在でも活躍している会社は少なくない。

ところが、グラバーは、これら並み居る商社を押しのけて、一時は日本で最も成功した商人として君臨したのである。

ジャーディン・マセソンのグループ

ジャーディン・パシフィック
ジャーディン・モーターズ・グループ
ジャーディン・ロイド・トンプソン - ロンドン証券取引所上場
ジャーディン・ストラテジック・ホールディングス - ロンドン証券取引所上場、シンガポール証券取引所上場
ジャーディン・サイクル・アンド・キャリッジ-シンガポール証券取引所上場
ジャーディン・シンドラー -シンドラーエレベータと折半出資の合弁会社
香港ランド（香港置地）
ディリー・ファーム（牛奶國際有限公司）本部はバミューダ。ロンドン証券取引所上場、シンガポール証券取引所上場
　ウェルカム（惠康）- スーパーマーケット
　マニングス（萬寧）- ドラッグストア
　セブン - イレブン香港
　セブン - イレブン・シンガポール
　セブン - イレブン中国華南（広東賽壱便利店）- 広東信捷商務発展との合弁会社
　イケア香港
　イケア台湾
　美心食品有限公司（マキシムズ・グループ）- 株を 50%保有
　　スターバックス香港（星巴克咖啡）
　　スターバックス・マカオ（星巴克咖啡）
　　スターバックス中国華南（星巴克咖啡）
　　スターバックス中国西南（星巴克咖啡）
　　元気寿司
マンダリンオリエンタルホテルグループ-マンダリンオリエンタルバンコク、マンダリンオリエンタル香港、マンダリンオリエンタル東京等
その他
　旧ジャーディン・フレミング - 現 JP モルガン・チェース
　旧ジャーディン・ワインズ・アンド・スピリッツ - 現 MHD モエヘネシーディアジオ（ジャーディン・マセソンは合弁から離脱）

出典：ウィキペディア

それがなぜ、突如、破綻《はたん》してしまったのか？

グラバーのもくろみ

単純な話、グラバー商会の破綻の理由は、武器の仕入れ過ぎであった。

1868年、1月鳥羽・伏見の戦いが勃発《ぼっぱつ》、グラバーの期待どおり、薩長軍は連戦連勝する。

将軍慶喜は大坂城に敗走し、大広間に家臣団を集めて「事すでにここに至る。たとい千騎が戦没して一騎となるといえども退くべからず、汝《なんじ》らよろしく奮発して力を尽くすべし。もしこの地敗るるとも関東あり、関東敗るるとも水戸あり。決して中途にやまざるべし」（『会津戊辰戦史』）と大演説を行い、兵たちを鼓舞した。

が、その翌日、慶喜は側近数名を伴って大坂城を密《ひそ》かに出奔し、江戸へと帰ってしまうのだ。

置き去りにされた幕兵たちのショックは大きかっただろうが、グラバーにとってもショックだったろう。大坂城は難攻不落の城であり、幕府軍が籠城《ろうじょう》すれば数カ月は余裕で抗戦することができる。そうなれば、相当量の武器弾薬がここで消費されたはずだったのだが、大将が逃げてしまっては話にならなかった。

これをグラバーの読みが外れたという言い方をする人も多いが、敵を前にして初戦で逃げ出す総大将がいると想像するほうが難しい。

しかも、グラバーは戦争が長引くと〝読んでいた〟わけではない。

彼は当時、日本で一番の武器商人であり、その彼が日本に内戦が起き、それが拡大すると判断したということは〝戦火が広がる仕掛け〟を施したことを意味する。

実際、グラバーは薩摩に大量に戦艦、武器弾薬を売る一方で幕府からの武器発注の仕事も受けていた。それも当時、最強の大砲といわれたアームストロング砲35門と砲弾10万発を、だ。総額18万３８４７ドルの大取引だが、幕府軍の手にそんな強力な火器が渡れば薩長軍の苦戦は免れず、場合によっては敗戦だってあっただろう。

ところが、グラバーの抜け目ないところは、幕府から支払われた手付金６万ドルのうちの半分、３万ドルを薩摩藩に貸し付けていたことだろう。

なぜそんなことをしたのかといえば、幕府に武器を売って金を儲け、その儲けた金から敵対する薩摩に武器代金を貸してやり、また武器を売る。この循環によって武器を戦場に供給するシステムができるからだ。

実はこの時期、幕府も反幕府の雄藩たちも武器の買い過ぎで資金がショートし始めていた。これを補うためにも具体的な資金供給システムが必要だったのである。ただし、このシステムはかなり投機的なことは否めず、ちょっとしたきっかけで瓦解《がかい》する可能性を常にはらんでいた。

ちなみに幕府発注のアームストロング砲だが、その一部は1867年の夏頃には長崎に到着していた。これをただちに引き渡していれば、翌年開戦する鳥羽・伏見の戦いに間に合っていたが、グラバーは残金との引き換えを要求し、受け渡しを拒否していた。

これを薩長に肩入れするためと考える歴史ファンもいるようだが、武器商人グラバーが最も重要視するのは商品代金。大取引であるだけに慎重を期すのは当然で、幕府側がウォルシュ商会から受け渡されたばかりの艦船陽春艦を担保に入れるまでアームストロング砲は引き渡さなかった。

しかし、幕府に運がなかったのは、契約が成立した直後に鳥羽・伏見の戦いが始まり、長崎まで砲を取りにいくことができなくなってしまったことだろう。

そしてこの砲が納品できていれば、グラバー商会の行方《ゆくえ》もまた違ったものになっていた可能性は高い。

グラバーの倒産

グラバー商会を苦しめたのは武器の過剰在庫だけではない。数年前の新造艦の発注も重くのしかかっていた。

1867年、萩藩から新造艦船の建造を依頼されたグラバーは、兄が経営する船舶保険会社グラバー・ブラザーズ社を通じてアレキサンダー・ホール社に発注をかけていた。このアレキサンダー・ホール社はグラバーの育った街スコットランド・アバディーンにある造船メーカーだ。また、熊本藩からは日本名・龍驤艦《りゅうじょう》の建造も依頼された。この龍驤艦は「当時としては大型の約一五〇〇トンの装甲コルベット型蒸気船（二八〇馬力、時速一二ノット）で、一〇〇ポンド施条口装アームストロング砲二門と六四ポンド施条閉鎖砲八門のほか六ポンド後装ブレイクリー砲二門を装備」（『明治維新とイギリス商人』杉山伸也著）している堂々たる戦艦で、金額は36万ドルという高額なもの。これも、グラバー・ブラザーズ社を通じてアレキサンダー・ホール社に発注をかけている。

しかし、これらの船が日本に届いたのは1870年前後で既に戊辰戦争も終わろうか、もしくは終わっている時期。発注元の藩も既に使う必要のない軍艦に代金を払うモチベーションは下がっており、その多くが焦げ付いてしまう。

さらに、新政府は徳川幕府から領地を受け継いでおらず、戦争に勝ったとはいえ、まったく金がなかった。新政府が旧幕府時代の債務を全部肩代わりしたとはいえ、一朝一夕に支払う能力はない。グラバーは勝ち馬に乗っていながら、財政的には敗者に等しい状況に陥ってしまう。

そして1870年8月、グラバー商会は負債総額68万1567ドル、資産総額59万4148ドル、最終的な負債額は8万7418ドルで倒産した。グラバー商会への債権はオランダ貿易会社が34万8477ドル、グラバー・ブラザーズ社が12万5430ドルと大きく、ジャーディン・マセソン商会が2万4066ドルと小額だったのはオランダ貿易会社が同商会の負債13万ドルを肩代わりしていたからだ。

グラバーにとって致命傷となったのはジャーディン・マセソン商会、オランダ貿易会社ほかからの借入金だった。陰謀論ではよくグラバーが国際金融資本の手先となって薩長に金を貸したという話になっているが、実際はグラバーが金を借りており、倒産したのもグラバーであった。

では、ヨーロッパの銀行家たちは明治維新に関わっていなかったのかというと、少し違う。これについては次の章で詳しく触れる。

ちなみに、グラバーのほかにもう１人、幕府軍の敗北にショックを受けていた外国人がいた。フランス公使レオン・ロッシュだ。

ロッシュは慶喜が江戸に戻ってくると、フランス軍が協力するから薩長と戦えと発破をかけたが、慶喜はこれも拒否したと言われている。

この逸話によって慶喜の腰抜けぶりはより強調されるのだが、この時のロッシュの提案はとても幕府軍が乗れるようなシロモノではなかった。

歴史家、野口武彦氏の調べによれば、ロッシュが慶喜に提示したのは、「フランス軍を貸してやるから薩長と戦え。ただし、その前にこれまで提供してきた武器弾薬に関する借財を清算しろ」であった。こんな話、慶喜ならずとも乗れないだろう。

当時、フランス本国はクリミア戦争によって財政が逼迫《ひっぱく》する一方、新たな戦争、普仏戦争が起きる直前だった。そんなフランスにとって日本で戦争する意味もなければ金もなかったのだ。ロッシュのフランス軍投入話は敗色濃厚の幕府軍を見て、少しでも借金を返済させるための口実だったと考えるほうがあたっている。

裏切られたグラバー

このように、トーマス・グラバーは〝武器の売買で大儲けした抜け目のない武器商人〟ではなかった。大豪邸に住み、大儲けしていたように見えたが、いざ蓋《ふた》を開けてみるとろくに帳簿もつけておらず、投機的な経営で借金まみれ。商売人としては決して優秀ではなかったことがわかる。

そもそも彼は本物の武器商人ではない。武器メーカーに顔が利いたわけでも、ツテがあったわけでもなく、彼がアームストロング砲を発注した時はジャーディン・マセソン商会に信用調査がいっている。彼は武器を売ってはいたが、それは売れる商品であるから売っていただけで、基本的には転売屋であった。だから、現代の軍産複合体のように強引に内戦を泥沼化させることまではできなかったのだ。

幕府があまりにも脆《もろ》かったという誤算も大きかっただろう。鳥羽・伏見の戦いで将軍慶喜が大坂城から逃げ出すとは誰も想像つかない。

もうひとつ大きな誤算だったのは英国公使ハリー・パークスの思惑であった。イギリスの利益を代表する公使としては戦争が長引けば、それだけ貿易もできず、市場の育成開拓もできない。儲かるのは武器商人だけだ。

しかも当時のイギリスは他国の戦争に加担している国力も世論の後押しもなかった。戦争は短期に終わらせて日本を開港させて貿易がしたい。イギリス本国の意向はここにあり、そのために戦争は早めに終息させるのが一番という判断だ。

有名な江戸城無血開城にしても勝海舟の知恵と西郷隆盛の英断があったとされているが、本当のところはハリー・パークスから戦争を長引かせるなという指示が西郷のもとに伝えられていた。

イギリスが望んでいたのは開国ではなく、開港であり、そのためには戦争は早く終わったほうがいい。

つまり、戦争が始まった途端、グラバーは本国イギリスから切り捨てられていたのだ。

それは、グラバー発注の新造艦が遅れたことでも証明できる。

さきほど新造艦の発注がグラバーの首を絞めたと書いたが、新造艦船の到着が遅れた理由は、造船所の作業に時間がかかったわけではない。実は薩長側が完成した艦船を日本に到着させない妨害工作をしていたのだ。

その経緯については『史談会速記録』で肥後熊本藩主細川斉護の六男長岡護美が語っている。

「大村（益次郎）はあなた方の龍驤艦、佐賀の日新艦もまだ着かぬかと言うことであった。私のほうでは頻《しき》りと急いでいるがどうしても期限に来ぬ、来ても引き渡さぬ、それは薩州（薩摩藩）のほうから五代（五代才助＝五代友厚）なり、本田親雄（薩摩藩士。戊辰戦争では海・陸軍参謀）が居て、肥後に早く遣《や》ると宜《よろ》しくない、どういうかたむきかわからぬからというので遅くしたと後に本田より聞きて一笑しました。私どもはそれを寛典（寛大な処置）にしてやるがよいと言ったけれどもガラハ（グラバー）はそれがため三万円位は損をしている。けれども薩摩と結んでいたものであるから可憐《かれん》のことなりし、故に私のほうの龍驤艦も佐賀の日新艦も間に合わぬ位であった」

このように薩長は自分たち以外の藩が巨大な戦艦を持つことを警戒し、納入できないように邪魔していたのである。

グラバーはそれがきっかけで倒産へと追い込まれていくのであるが、イギリスに発注した戦艦の納入をグラバーに届く前にストップできるということは、薩長だけでなく、ジャーディン・マセソン商会も妨害に加担していたことになり、ことによるとイギリスにまで彼は見捨てられた可能性まで出てくるのだ。

なんと彼は幕末にあれだけ応援した薩長とイギリスに裏切られていたのだ。

裏切りのジャーディン・マセソン商会

実際、ジャーディン・マセソン商会はグラバー商会が武器売買の次の主力として力を入れていた高島炭鉱の経営において、最後の最後でハシゴを外している。

グラバーは何度も同商会に共同経営しないかと持ちかけていたのだが、その頃になるとジャーディン・マセソン商会もグラバーの乱雑な経営にサジを投げていたので乗ってこなかった。彼らに代わってオランダ貿易会社がグラバーに手を貸し、マセソン商会の借金13万ドルを肩代わりする。

その時、オランダ貿易会社はマセソン商会にも共同経営に参加しないかと持ちかけていたが、同商会はそれも断っていた。

グラバーとすれば、オランダ貿易会社とともに高島炭鉱の経営を軌道に乗せよう。それが実現すれば、グラバーは借金苦からも解放され、念願だった実業家の道を歩むことができる。そう考えていた矢先、グラバーは3万ドルほどの手形の換金を迫られる。ところが、その頃まったくキャッシュを持っていなかった彼は手形を落とすことができず、結局、裁判に持ち込まれて破産宣告を受けてしまったのだ。

わずか3万ドル。この程度の金ならば、ジャーディン・マセソン商会が手を貸そうと思えば簡単に貸せただろう。しかし、彼らはそれをせず、高島炭鉱も破産させてしまった。

さて、高島炭鉱だが、一旦官営となるものの、たった10カ月後には後藤象二郎率いる蓬莱《ほうらい》社に払い下げられる。価格は55万円で前納金は20万円。

ところが、後藤はその金がなかった。払ったのはなんとジャーディン・マセソン商会だったのだ。

こうやってグラバーは高島炭鉱まで奪われてしまったのである。

日本番外地

さて、ここで一旦、当時の日本に来ていた外国人とはいかなる人物たちであったのかを改めて検証しておこう。

ともすると我々は彼らを文明人だと思ってしまうが、通商条約締結後に日本にやって来た外国人たちはいわゆる常識人たちではない。

なにしろ、当時の日本はヨーロッパから見れば本当に東の端、ファーイースト。現地人の男たちにしても、どういう意図があるのかわからない〝ちょんまげ〟という髪型をし、スカートのようなズボンを履いて、巨大な剣を常に2本持っている。女性はどうかといえば歯を真っ黒に染めており、笑うと不気味だ。しかも、彼らは平和的ではない。巨大な剣は威嚇ではなく、本当に人を斬るために使用し、特に外国人を好んで斬ろうとする集団までいる。

そんなところに、自らやって来るだけでも尋常な思考の持ち主ではないのに、その人斬り集団を相手に商売をしようと考えていたのである。どう考えてもまともな人間たちであるわけがない。冒険とロマンを求めて大海原を渡ってきたといえば聞こえはいいが、要は海賊まがいの荒くれ者たちであった。

そんな彼らを本国では、ある種の畏怖《いふ》の思いを込めて〝冒険商人〟と呼んでいたが、彼らと直接やりとりをしていたイギリスの初代駐日全権総領事ラザフォード・オールコックは「ヨーロッパのクズ」、横浜の外人居留地を「ヨーロッパの掃き溜《だ》め」とまで呼んでいた。

しかし、そういうオールコックにしても彼らと大差ないヨーロッパのあぶれ者であった。彼は領事の仕事を得る前はイギリス軍の軍医をしていたが病気で両手親指が効かなくなり外科医の道を断念。その後、外務省に入って領事となるが、15年もの長きにわたって中国勤務を命じられていた。前述したパークス同様、彼もアヘン戦争の惨状を見続けたのだ。そして彼の地で50歳となったオールコックはそろそろ本国に戻してほしいと希望していたが、イギリス外務省が命じたのは日本だった。

彼は決して恵まれた人生ではなかったのだ。

それは彼の肩書き「全権総領事」にもよく表れている。

この肩書きのどこが恵まれていないのかを説明をする前にそもそも領事とはなにか

を語らねばならない。よく領事を外交官のように思っている人がいるが、それは間違いで、領事は基本的に現地採用の民間大使といった扱いが普通だ。

例えば、ウォルシュ・ホール商会の創立者ウォルシュ兄弟の弟ジョンはアメリカの駐日長崎領事で、領事の仕事は仕事の片手間でやっていた程度。アメリカ政府から給料も出ていなかった。

グラバーの先輩であるケネス・ロス・マッケンジーはイギリス人でありながら、フランス領事の仕事をしていた。他国の人間が領事の仕事をするのはこの時代のアジアでも珍しく、フランスが日本を最初から重要視していなかったことがよくわかるエピソードだろう。

オールコックのように外務省に所属し、政府から給料が出る領事もいれば、ジョンやマッケンジーのように現地に顔が利くものを無償の名誉職として、いわば通信員的に使う場合もあるのが領事という仕事なのだ。

いずれにせよ、彼らは外交官ではなく、ただの駐在員。よって、全権など委任されるわけがないのである。

では、なぜオールコックにだけ、全権という肩書きが付いたのかといえば、彼が自分で自分に許したからだ。一言で言えば、肩書きを詐称したのである。彼にしたって、冒険商人たちとなんら変わらない、なかなかの悪党だったのだ。

とはいえ、一概に彼を責められないのは、なんの権限もない領事では辺境の地で仕事をするのはまだるっこしくて仕方ないからだ。当時、日本とイギリスの通信は郵便船を使うしかなく、日本からヨーロッパへはどんなに早くても2カ月はかかった。ある程度の権限を持っていなければ話が進まないし、相手国としてもやりにくいのだ。

オールコックはそれを中国における15年間の領事生活でイヤというほど味わっている。だから、自らに全権を与えたというわけだ。もちろん、そこにはイギリス外務省に対する、恨みツラミも含まれていただろうが。

この全権問題だが、1年後、英国政府から事後承諾を得て、オールコックは待望の全権公使へと昇格している。

つまり、日本に来ていた外国人は領事も含めて、すべて海千山千の男たちだったのである。

イギリス全方位外交

話をグラバーに戻そう。ミットフォードは〝サトウと同様の協力者〟だとグラバーのことを書いていたが、それはパークスが公使をしていた1865年からのことであり、その前はだいぶ事情が違っていた。

文久3年（1863年）、イギリスの長崎領事であったモリソンはイギリス本国にこんな通信を送っている。

「薩摩藩プリンスは当港にエージェントをおき、イギリス政府にかわって実施されるであろう実力行使に関する情報収集を本格化させております。高級将校の何人かは居留外国人と不断の提携をすすめておりますが特筆すべきはグラバー商会のグラバーです」（『トーマス・B・グラバー始末』内藤初穂著）

この時期、イギリスは、生麦事件の報復を考えていた時で、薩摩藩のほうでもイギリス艦隊を迎撃するべく艦船と武器弾薬の調達に余念がなかった。

その調達に一役買っていたのがグラバーであった。彼は薩摩藩の五代才助とともに上海に向かい、青鷹丸、天祐丸、白鳳丸といった3隻の蒸気船を購入していた。よって、この時のグラバーはイギリスの裏切り者だった。

イギリスを裏切る行為というのであれば、ジャーディン・マセソン商会も同じであった。いや、正確に言えば、当時のイギリス公使（当時オールコックは休暇で帰国中。ニールが代理公使をしていた）たちの思惑とはまったく違う行動を取っていた。

前章で言及した長州ファイブをロンドンに送るべく尽力したのはジャーディン・マセソン商会だったからだ。よくグラバーが送り込んだと言われることが多いが、それは間違いで、長州ファイブについては、グラバーはあまり関与していない。

グラバーが関わった留学生は薩摩の留学生たちでいわゆる薩摩スチューデントの面々となる。というのも薩摩スチューデントたちの何人かはグラバーの生まれ故郷スコットランドのアバディーンに赴き、グラバーの実家を宿舎としているからだ。彼らの滞在費はグラバーがジャーディン・マセソン商会に借りて立て替えてやってもいた。

この当時、ジャーディン・マセソン商会は、グラバーに金を貸し、実質的に薩摩に武器や艦船、英国留学生のための資金を回していた。

つまり、ジャーディン・マセソン商会はイギリス本国の思惑の中で、グラバーに金を貸したり、留学生を援助したりしていたのだ。それはイギリスの植民地経営つまり「それは日本人だけから端を発しているように見えなければならない」と決して矛盾しない。

一方、公使たちも自らの判断で外交を行っていた。

それはさきほども説明したように、手紙のやりとりだけで往復4カ月もかかる以上、現場の責任者が判断する以外になかったからだ。

海千山千の男たちが、独自の判断と独自の指示系統、プラス自分たちの利益を求めて、勝手にうごめいていたのが幕末だったのである。

だからこそ、この時代は調べれば調べるほど多くの矛盾が吹き出すのである。

しかしながら、一旦、多くの指示系統があって、それぞれが勝手に動いていたことを理解すれば、その図式は見えてくる。

ジャーディン・マセソン商会はあくまで商人として利益優先の行動をとっていたが、留学生については別系統があった可能性が高い。これについては第5章で詳述する。イギリスも公使とサトウは、違った考えで行動していた。グラバーもジャーディン・マセソン商会の代理店としての機能を果たす一方で、冒険商人として縦横に動き回っていた。マセソンに協力する一方で、サトウとも共闘するといったように、だ。

ちなみにジャーディン・マセソン商会はイギリス領事館にエージェントを送っていた。長崎領事館の書記官兼会計官のエイベル・ガウワーはジャーディン・マセソン商会の横浜支店の支配人サミュエル・ガウワーの弟だった。また、彼らは三兄弟でもう1人、次男のエラスムス・ガウワーは鉱山技師としてジャーディン・マセソン商会に雇われて高島炭鉱で技術指導をしている。

一癖も二癖もある人間たちが時に手を組み、時に裏切って、推進させたのが明治維新であったのだ。

そして第4章ではこんな彼らの行動の中心的存在であったもの、力の源であり、すべての指揮系統の発端となる存在「銀行」について言及しよう。

第4章

銀行

ロッジルト

まずは左の書状を見てほしい。1862年、幕府の遣欧使節団がデント商会横浜支店長でポルトガル領事のエドワード・クラークにメキシコ・ドル3万ドルを渡し、パリで両替できるようにした為替手形だ。

「葡岡士ヨリ出セシ使節費金ノ換券
辛酉《しんゆう》十二月廿二日
尊下
千八百六十二年第一月廿一日
日本横浜に於て
下に記名せる者は支那に在るメッシス、デント社中の為に日本横浜にて事を取扱ふ
名代にして此度《このたび》日本政府よりメキシコドルラル三万個の高を請取たる事を告く此ドル
ラルの高仏蘭西通用に従ひ五フランク五拾サンチームの割合として拾六万五千フラン

クなり右高を此度支那のデント社中の為にパリスの両替所メッシス、ロッジルトより日本使節に払はしむことを周旋す。

拾六万五千フランク　エトワルトクラルク

右之通請取候事

千八百六十二年第四月十五日於巴里斯

御　三　名」

（『幕末維新外交史料集成』維新史学会編・新字表記に変更）

ここで注目してほしいのがロッジルトという文字。これはフランス読みで現代ではロチルドと書くのが普通だ。また、ドイツ語読みだとロートシルトとなり、英語読みではロスチャイルド。つまり、パリで幕府使節の旅費の両替をしたのはロッジルトこと
フランス・ロスチャイルド家であった（また現在確認中なのがメッシスで、これはフランス語読みでメディシス。つまり、メディチ家の可能性がある）。

これによって、ただちに幕府のバックにはフランス、ロスチャイルド家がついていたと言うつもりはないが、幕府とフランス・ロスチャイルド家が接触したことは明ら

かとなった。

銀行、初上陸

ロスチャイルド家の話はのちほど触れることにして、まずは、なぜデント商会が為替手形を扱っているのか、について語っていこう。

その答えは単純明快で当時日本には外資系の銀行がなかったのだ。だから、外国商会を仲介し送金したのである。ちなみにデント商会を選んだのは、ジャーディン・マセソン商会と並ぶ大商社であったことと、ジャーディン・マセソン商会のように薩長べったりではなかったためだと考えられる。

外資系銀行はこの翌年1863年3月、インドのボンベイに本店を持つイギリス資本のセントラル・バンクが横浜に上陸したのが嚆矢《こうし》となる。同行は外国資本の銀行というだけでなく、日本で最初に設立された銀行でもあった。

この年は銀行開店ラッシュで、同年4月にはやはりボンベイで設立されたマーカンタイル銀行が横浜支店を開設する。同行にはのちの大蔵省お雇い人となるアラン・シャンドがおり、シャンドのボーイとして高橋是清《たかはしこれきよ》が勤務していた。また、10月には同じくボンベイのコマーシャルバンク横浜支店が出店する。

そして翌年8月には当時、東洋最強の銀行といわれたロンドンに本店を持つオリエンタルバンクこと東洋銀行がやって来る。

この後、日本には1865年にバンク・オブ・ヒンドスタン（本店ロンドン）、1866年に香港上海銀行（本店香港）とイギリス系の銀行ばかりが進出。1867年になってやっとパリに本店を持つコントワール・デスコントが横浜支店を開設するも、翌年には閉鎖してしまう。

幕末の日本は、イギリス系銀行が独占していたのである。

最強の銀行

これら銀行群の中で最も新政府に食い込んだのが東洋銀行であった。

きっかけは鳥羽・伏見の戦い直後の1868年。幕府に勝利した新政府は、徳川幕府とフランスが共同して作った横須賀製鉄所を接収しようとしたのだが、同製鉄所はフランスの銀行ソシエテ・ジェネラルの抵当に入っていたことがわかる。その額50万ドル。前述したように新政府は幕府から領地を譲り受けていないので金がなく、困った新政府はイギリス公使ハリー・パークスに相談し、東洋銀行から融資を取り付けたのであった。

興味深いのはこの時の条件だ。

融資金額は当時の国際通貨メキシコ・ドル（洋銀）50万ドルで年利は15%。返済は元金2カ年据置で1870年10月から毎月5万ドルずつ返済することになっていたが、その際の条件として、「東洋銀行は日本に於いて銀行券を発行しない故、外国銀行券及び日本政府紙幣による支払いには応じない」（『明治政府と英国東洋銀行《オリエンタル・バンク》』立脇和夫著）とあったのだ。しかし、ソシエテ・ジェネラルには日本支店がない。

ということは、東洋銀行は新政府に現金を渡す必要はなく、洋銀50万ドルの実際の処理はソシエテ・ジェネラル、東洋銀行間同士の帳簿のやりとりで済んでしまうのだ。つまり、東洋銀行は帳簿上の操作をしただけで、現金は1ドルも動かしていない。一方、新政府は洋銀50万ドル＋利息をキャッシュで東洋銀行に返さなければならない。これは銀行側にとって濡《ぬ》れ手で粟《あわ》のお手軽融資だったのである。

ところが、銀行制度をよく理解していない新政府の当局者はそういうカラクリがわからない。大隈重信《おおくましげのぶ》などは「オリエンタル・バンクが一たび焦眉《しょうび》の急を救いしより、我国政府は深くその好意を感じて之を徳とし」と『大隈伯昔日譚』（木村毅監修）に書いているほどだ。

日本の紙幣と貨幣を作ったのはイギリス人

その後、東洋銀行は鉄道建設、造幣寮及び紙幣寮の創設、外債募集などで、新政府にがっちり食い込んでいくのだが、この当時の外資系商社、外資系銀行は安政《あんせい》期に交わした通商条約によって保護されていた。よって、現在の大使館と同じで、まったくの治外法権の中にあり、新政府は常に彼らに振り回されることになった。

特に紙幣寮（紙幣局）では元マーカンタイル銀行のイギリス人アラン・シャンドを当時大蔵大輔の井上馨が雇い入れ、紙幣寮付属書記官とする一方、造幣寮（造幣局）ではトーマス・グラバーが、閉鎖した香港の王立鋳貨局（旧香港造幣局）の造幣機を買い取り、売り込んでいる。この時グラバーは、「その時分にオリエンタルバンクというのがあって、徳川家へ金を貸していました。これが非常な妨げをしました」(『明治維新とイギリス商人』杉山伸也著)と発言しているのが興味深い。

いつのタイミングなのかわからないが、東洋銀行は新政府だけではなく、徳川家にも金を貸していたのだ。もしも、金を貸した時期が幕末であったならば、イギリス系の東洋銀行が幕府の財政にも深く関わっていたことになる。

何度もいうが、これまでは幕府のバックにはフランスの銀行が付き、薩長のバックにはイギリスの銀行がついていたというのが定説だったが、それは誤解だったことがこれでもわかるだろう。

さらに、造幣寮に関してだが、ジャーディン・マセソン商会がグラバーを通じて王立鋳貨局の元長官トーマス・ウィリアム・キンダーを造幣寮首長にするべく運動し、当職につかせている。

紙幣寮には井上を通じてシャンドが、造幣寮にはジャーディン・マセソン商会を通じて悪名高いキンダーが入り込み、明治の通貨発行にイギリス人が深く関わっていくことになるのである。

最悪のタイミング

いま見てきたように外資系銀行は幕末、明治の日本の中で、大きな地位を占めていく。しかし、ここで重要なのは個々の銀行の動向ではない。

もちろん、最初にやって来た外資系銀行はセントラル・バンクだったとか、東洋銀行が新政府に最も食い込んだといったものは史実としても、幕末と明治のファイナンスを考える上でもとても重要だが、本書で見るべきポイントはそこではない。

最も注目しなければいけないのは、外資系銀行が日本にやって来たというその事実であり、そのタイミングのほうなのだ。

つまり、1863年になぜ、相次いで3つの外資系銀行が設立されたのか？　翌年になってなぜ東洋銀行がやって来たのか？

に対する答えのほうだ。

というのも、普通に考えれば、このタイミングは最悪だからだ。

文久3年（1863年）とは萩藩が5月に外国船を無差別砲撃し、7月に薩英戦争が勃発した年。こんな政情不安な時になぜ、外資系銀行は次々と横浜支店を設立したのだろうか？

百歩譲って3月開業のセントラルバンクと4月開業のマーカンタイル銀行ならまだわかる。彼らは戦争になることが予期できず、悪いタイミングで日本に来てしまったといえるからだ。

しかし、10月のコマーシャルバンクと翌年8月の東洋銀行は、戦争になってからやってきている。特に東洋銀行は4カ国連合艦隊が萩藩を砲撃したあと（8月）に来た。いくら局地的かつ短期間で終わった戦争であっても、いつ再び、内戦が起きるかわからない国に支店を作る理由がわからないのだ。

ところが、現実は、この時を狙《ねら》っていたかのように、次々と外資系銀行はできている。

これをどういうふうに解釈すればいいのだろうか？

実はここにこそ、幕末・明治の究極の答えが隠されているのである。

戦争の犬たち

戦争直前あるいは戦争直後に次々とやって来た外資系銀行たち。彼らはこの時を狙っていたかのようにやって来たと、いま書いたが、事実、彼らは狙ってやって来たのだ。

戦争勃発を彼らは安政年間の通商条約が結ばれた時から待ち望み、ついにその時を摑《つか》み、横浜に上陸したのである。

最悪のタイミングなどとんでもない。これ以上ないほどベストなタイミングで彼らはやってきていた。

そもそも1863年は孝明《こうめい》天皇が攘夷《じょうい》の実行を幕府に迫った年。萩藩が文久3年5月10日（1863年6月25日）に外国船に無差別発砲したのは、天皇の勅令を忠実に実行したからであり、勅令は幕府を通じて数カ月前から諸藩に回っている。外資系商社や外国公使たちが、その情報を摑んでいないわけがない。

だから、この年の3月、4月に続けて出店したセントラルバンクとマーカンタイル銀行が戦争勃発を知らずにやって来たなど考えられない。

では、なぜ銀行たちは戦争を狙ってやって来たのだろうか？

第一義的には武器弾薬を売るには最も適したタイミングだからだ。

実際、グラバー商会などの外国商社は活発に戦争道具を仕入れては転売している上、戦艦もここから先、飛ぶように売れていく。

ジャーディン・マセソン商会を例に取ると、この時期、簿価わずか７０００ドルの自前の中古船を2万ドルという法外な値段で売っている。萩藩に12万ドルで売ったランスフィールド号の簿価などはたった５０００ドルであった。減価償却がほとんど終わったような船が簿価どころか、買値以上で売れていくのだからこんなおいしい話はない。

外国商社はここぞとばかりに大取引を展開。彼らはそのための資金や本店への送金などで外資系銀行を必要としたのである。

しかしだ。

いま言った理由も銀行がやって来た真の理由からは少し外れている。

本当に大切なこととは、必要なタイミングで必要な場所に外資系銀行があること。

これがどういうことなのかがわかれば、明治維新の真の姿が見えてくるのである。

正しい時、正しい場所に正しいものがある

外国商社及び外資系銀行にとって戦争は絶好の稼ぎ時。だから、彼らはこの時期に大挙して日本に殺到してきたのだが、それだけではただ戦争の犬たちによる、獲物の奪い合いが展開しただけで終わってしまう。

実はもうひとつ、この年に外資系銀行が初上陸したことの大きな意味が隠されている。

さきほどから言っているように、大切なことはこの年に日本に戦争が勃発すること。そして、そこに外資系の銀行があることだ。

これが正しい時、正しい場所に正しいものがある状態となる。

どの銀行がいるべきであったのか、どの藩が戦争を起こしたのか、などはまったく関係ない。

戦争が起こった国に、外資系の銀行があれば、それでいいのだ。

なぜか？

答えは戦争が起きた瞬間、当事国の通貨が暴落するからである。それは現在でも同じで、例えば、中国と日本が戦争になった瞬間、円と元は国際決済で信用されなくなる。中東で戦争が勃発すれば、現地通貨はもちろん米ドルにも影響が出てくる。それが国際社会における通貨というものだ。

その通貨の仕組みは1863年でも同じであり、日本でまさにそれが起きたのだ。この年の出来事で一番重要なことは萩藩が外国船に向けて無差別テロを行ったことでも、薩摩とイギリスが戦争したことでもない。これらの戦争行為によって、日本の通貨〝両〟及びイギリスのポンドが事実上消えたこと。国際決済で使えなくなってしまったことこそが、特筆すべき出来事なのである。

銀行と戦争

では、当時国の通貨が使えなくなるとどうなるのだろうか？

それは外資系銀行が貸し出す、国際流通通貨を使用する以外に道はないということだ。当時でいえばメキシコ・ドル。基本的にこれを使わなければ、銃1丁、弾1発買えない状況が訪れたということである。

ところで読者の中には、なぜ、この当時、どの国もドルを使っているのか、不思議に思った人もいたのではないだろうか。フランスにしてもイギリスにしても自国の通貨はフランであり、ポンドである。しかし、彼らが商売をする時、あるいは融資をするとき、みなドルを使用する理由は、この時期、欧米各国はずっと戦争を繰り返していたからだ。クリミア戦争、普仏戦争、アメリカ独立戦争、フランス革命、南北戦争などなど、戦火が絶えることはほとんどなかった。よって、自国の通貨は国際決済には使用できない。

そのため、新たに国際流通通貨を作る必要に迫られて、銀の純度に信用がおける上、当時のアメリカ合衆国の法定通貨でもあったメキシコ・ドルが採用されたのである。

この時期、世界の銀の半分を産出していたのはメキシコだったのだ。

しかし、そのメキシコをさらに超える産出量を誇ったのが日本であった。なんと日本は石見《いわみ》銀山だけでメキシコとほぼ同等の銀の産出量があった。もともと日本は豊富な鉱物資源国であり銅は当時世界一、金にしても世界トップクラスの埋蔵量であった。

外資系銀行はこの金と銀にも狙いをつけていたのだ。

そんな中、ついに日本でも戦争が起きてしまう。

それが1863年だったのだ。

これ以後、幕府も反幕府勢力も、武器を買うには必ず洋銀を用いるか、金銀を使用しなければならない事態が訪れる。しかし、これらには限りがある。洋銀は船で運んでこなければならず、金銀の産出も無限ではない。そこで俄然《がぜん》存在感が高まるのが外資系銀行による融資だったのだ。

もっとも、直接、外資系銀行と取引ができたのは幕末の日本では幕府ぐらいのものだろう。薩長らの雄藩は、グラバー商会やジャーディン・マセソン商会らが銀行から金を借り、それを二次的に都合してもらうのが普通で、その返済も米などの現物で返すこともたびたび行われていた。

とはいえ、基本となる通貨が変わったことの意味は大きい。

幕府も反幕府勢力も借金をする場合は国際流通通貨を使わなければならなくなり、戦争をするにはどうしても借金をするしかないからだ。

ロスチャイルド家

さて、ここでいよいよロスチャイルド家が登場してくる。

そもそも彼らの力の源はマネーだと思っている人が多いが、それは大間違いだ。彼らは確かに金持ちではあるが、基本的にはそんなものはどうでもいい。彼らはマネーなど1ドルも持っていなくてもいいのだ。なぜなら、好きな時に好きなだけ、どんな通貨でも刷ることができるから。

彼らの強さの秘密は通貨発行権を握っていることにある。

イギリスならばイングランド銀行を、フランスならばフランス銀行（現在はＥＣＢに移譲しているが）を、アメリカならばＦＲＢと、通貨発行権を持つ中央銀行をその手に収めているのがロスチャイルド家を含む国際金融資本家たちである。

実は、いまいった各国の中央銀行はすべて民間銀行であり、株主のほとんどは国際金融家たち。アメリカ政府などは自国の中央銀行であるＦＲＢの株を1株も持っていない。

その一方でロスチャイルド家は多くの中央銀行株を握っていると言われている。例えば、1815年、ワーテルローの戦いでナポレオンの敗戦をイギリス政府の48時間前に摑んだ彼らは、巧みな市場操作で世界の富のほとんどを手に入れたとささやかれており、そのひとつがイングランド銀行株で、ほぼ100%手中に収めているともいわれている。

前述したようにイングランド銀行は通貨発行権を持つ中央銀行。つまり、1863年の時点ではロスチャイルド家がイギリス系銀行の頂点に立っていたのである。

さらに言えば、フランスでもフランス銀行の株を持っているのは彼ら。クリミア戦争ではイギリス、フランス、トルコ陣営に金銭的援助を行っており、戦後はロシアのほうにも金を貸しているほど。

ということは当時のロスチャイルド家はフランス政府にも資金を貸す立場になっていたわけで、イギリス同様、金銭面ではフランス政府の上に立っていたと言ってもいい。

その証拠に1862年、つまり幕府使節が来仏した年にフランス皇帝ナポレオン三世はジェームズ・ロスチャイルド所有のフェリエール城の賓客となっている。また、1890年にはイギリスのヴィクトリア女王がイギリスのフェルディナンド・ロスチャイルド所有のワドスドン城（ワデスドン城）を訪れている（『ロスチャイルド家と最高のワイン』ヨアヒム・クルツ著）。

通貨発行権と戦争

１８６０年代はロスチャイルド家を筆頭とする国際金融資本家たちがイギリス、フランス、そしてアメリカも含む各国で、通貨発行権を握りしめている時代だった。彼らは通貨発行者であるから、融資を依頼されたら、手形を振り出すだけ。しかし、その手形の威力は絶大で、どこの銀行でもどこの商社でも喜んで受け取る、現金以上に信用度の高いものであった。

その一方、通貨発行権者たちは、国際決済通貨を使うすべての人々から金利を取ることができる。まさに濡れ手で粟の商売が通貨発行権を握るということなのだ。だからこそ彼らは国際流通通貨の使用国を広げていきたいのである。

そのために最も効率のいいのが、戦争が起きること。

さきほども言ったように戦争になれば、当事国の通貨は使えなくなる。しかし、戦争を続行するにはどうしても金が必要で、必然的に当事国政府は国際通貨を外資系銀行から借りなければならなくなる。こうして国際通貨は広がっていき、国際金融家たちも太っていく。

1863年と64年に日本にやって来た外資系銀行たちは、そんな通貨発行権者たちの尖兵《せんぺい》だったのである。

これが、あのタイミングで外資系銀行が日本に上陸した本当の目的であった。通貨発行者と戦争との関係は切っても切れない密接なもので、見方によっては通貨発行者が戦争を率先して起こすべく、暗躍しているようにさえ感じるのである。

しかし、そうなると、気になってくるのが、一体誰がこのタイミングで外資系銀行を呼び寄せたのか、ということになる。

それまでの日本には影も形もなかった銀行が戦争を前後してやって来るということは、誰かがゴーサインを出したはずだ。

問題はそのゴーサインを出した人間は誰で、どこにいたか？ だ。

ここでクローズアップされるのが薩長とイギリスの関係である。長州ファイブの留学にしてもそうだが、彼らのつながり、連携にはただならぬものが感じられて仕方ないのだ。

エージェントの正体

第2章で長州ファイブの2人、伊藤俊輔と井上聞多の疑惑について書いた。彼らは最初からすぐに帰国する予定ではなかったのか？　だからこそ、大学に学費を伊藤は2カ月分のみ、井上はまったく払っていなかったのではないか、と。

では、伊藤、井上がイギリスにいた約半年ほど、一体なにをしていたのであろうか？

一応、伊藤は1日中勉強をしていたと、のちのインタビューには答えている。

しかし、それを証明するものはなにもない。ただ、長州ファイブ全員で、ある場所を見学していることだけはわかっている。

それがイングランド銀行だ。

彼らは見学者名簿に名前を記載しており、幕府の遣欧使節団（1867年）の幕臣がそれを見つけて色めきたっている。その際、幕臣たちは薩摩藩の新納《にいろ》刑部、五代才助、堀壮十郎の名も見つけており、それらの名を書き留めて日本に戻っている。

これでわかるように、イングランド銀行は薩長の人間だけでなく、幕府のサムライたちも見学していたのである。

もちろん、彼らは西洋文明に魅了され、圧倒された人間たちであり、どんなものに対しても興味を持ったことだろう。

しかし、銀行はそもそも日本になかったもので、その価値を理解するには、外国人の誰かが説明しなければ絶対にわからないはずなのだ。

では、その外国人とは誰なのか？

ここで疑問が湧《わ》いてくるのは、彼らをナビゲートした外国人はそれぞれ違っているということだ。

長州ファイブを留学させたのはジャーディン・マセソン商会であり、薩摩スチューデントたちを留学させるために尽力したのはトーマス・グラバーだ。この2藩は親イギリス、親ジャーディン・マセソン商会という共通項があり、彼ら外国商人たちが銀行に興味を持つよう、留学生たちを導くのは難しいことではない。

しかし、幕府の使節は違う。この使節は徳川慶喜の弟徳川昭武《あきたけ》を代表とするパリ万国博覧会をはじめとした遣欧使節団であり、ナビゲートしたのはフランス公使のレオン・ロッシュ。イギリス側とはライバル関係にある。

であるのに、薩長留学生たちも幕府使節団もイングランド銀行見学がツアーに組まれていた。

これはどう解釈すればいいのだろうか？

考えられるのはただひとつ、幕府勢力にも反幕府勢力にもイングランド銀行の代理人がいたということだ。イングランド銀行代理人は両陣営に忍び込み、銀行の有用性を説いてまわっていたのである。

また、同銀行はさきほど説明したように、ロスチャイルド家を筆頭とする国際金融家たちの持ち物。よって、同銀行の代理人はイコール彼ら国際金融家たちの代理人であったということだ。

幕府使節団、薩長の留学生たちを陰から支援していたのはイギリス政府でもフランス政府でもない。彼ら国際金融家たちだったのだ。

さて、私は第2章で、日本人留学生たちは各藩のエージェントであるとともに必然的にイギリス側のエージェントにもなっていたと書いた。

しかし、より正確にいうならば、イギリス側とは〝イギリス政府〟のエージェントではなく、〝イギリスの銀行家たち〟のエージェントであったのだ。また、フランス側とは〝フランスの銀行家たち〟であり、一言で言えばフランス、ロスチャイルド家であり、中身は〝イギリスの銀行家たち〟とほとんど変わらないということだ。

実は、幕末維新の一連の出来事、事件を理解するには、イギリス側とはイギリス政府ではなく、イギリスの銀行家たち＝国際金融資本家たちなのだ、ということがわかっていないと大きく間違えることになってしまう。

本書の最初でも書いたとおり、幕末維新は調べれば調べるほど混乱してしまうのは、イギリス側をイギリス政府と読み違えてしまう点にある。

何度も言及しているが、イギリス政府は戦争に反対であり、内戦に関わることを極力避けようとしていた。そこにウソはない。

ところが、イギリスの陰の支配者である国際金融家たちは戦争を望んでいた。だから、別系統で指令を発し、イギリス政府を出し抜き、幕末・維新を操作していたのである。

幕末の謎解き

イギリス側とは「イギリス政府ではなく、国際金融家たちのこと」であった。

一旦これがわかってしまうと、幕末の謎が次々に解けてくる。

例えば、開国派であった高杉晋作、伊藤俊輔（博文）、井上聞多（馨）らがなぜ品川の御殿山に建設中のイギリス公使館の焼き討ち事件を起こしたのか、だ。

そもそも、これは1863年1月31日（文久2年12月12日）の出来事で、この4カ月後、伊藤と井上は向学心に燃えてイギリスに向けて旅立つのである。

こんなデタラメな話があるだろうか？

しかも、この焼き討ち事件には山尾庸三も参加している。つまり、長州ファイブのうちの3人までもがイギリス公使館焼き討ちの犯人なのである。

普通に考えて、こんな彼らがイギリス人たちと友好を結び、その文明を学ぶなどということができるわけがないのだ。

現在の歴史では、これらの辻褄《つじつま》を合わせるために「彼ら改革派は外国勢と戦っても勝ち目がないとわかっていた。だから、いまはその文明を学び、富国強兵を成し遂げたところで攘夷を行えばいい、と考えていたから」などという苦しい言い訳をしている。

しかし、そんなものは詭弁《きべん》だろう。

相手側の文明を学べば相手側に取り込まれるのがオチであり、それ以前に最強の武器を相手側がおいそれと手放すわけがない。現代の日本に原爆がないのがその証拠だ。

そもそも、あの当時、開国派だった人々は、全員外国勢と通じていたのである。であるのに、イギリス公使館を焼き討ちするのはどう考えても間尺に合わないのだ。

しかし、外国勢とはイギリス政府やフランス政府などではなく、もうひとつの勢力、国際金融資本家たちだ、とわかれば疑問はたちまち氷解する。

改革派の志士たちは憎き、夷狄《いてき》の館を気持ち良く焼き払ったのだ。

彼らがつながっていたのは外国勢であっても、外国の政府ではない。日本が外国勢に戦争を仕掛ければ、莫大《ばくだい》な利益が期待できる国際金融資本家だったのだ。

だから、外国政府は依然として志士たちの敵であった。だからこそ、彼らは公使館焼き討ちの前に外国人を斬ろうと狙ったり、それが阻止されると、憂さ晴らしのように公使館を焼いたのだ。

彼らの敵はどこまでも外国であった。

そういう意味では、薩長のエージェントたちは最初から最後まで攘夷を行っていたのである。

では、国際金融資本家たちはそんな彼らをなぜ支援したのか？

それは彼らが戦争の火種だからだ。

前述したように戦争さえ起これば、当事国の通貨が使えなくなる。彼らはそれを狙っていた。

戦争がしたい志士たち。

戦争が起きてほしい国際金融家たち。

それがどのタイミングなのかはわからないが、かなり早い段階でコンタクトを取り、幕末は演出されていったのである。

ちなみに、ロスチャイルド家は初代マイヤー・アムシェルの時代から傭兵《ようへい》を使うことに長《た》けていた。彼を最初に宮廷代理人にとりたてたヘッセン・カッセル公ヴィルヘルムは自分の家来をイギリスに賃貸しをすることで巨万の富を得ていた。兵士が戦死した場合は2倍の賃貸料を請求するのである。

ヴィルヘルム公がナポレオンに負けて落ちぶれた時、マイヤー・アムシェルが公の資産とともに傭兵業も引き継いだのである（『ロスチャイルド家と最高のワイン』）。拙著『日本人だけが知らない戦争論』（フォレスト出版刊）でも書いたが、彼らが関わった戦争に影のように傭兵たちが現れるのは、ヴィルヘルム公が残した精鋭部隊を使っていたのである。

たぶん、幕末にも傭兵部隊は来ていただろう。直接戦わなくても彼らに戦争の仕方を教えたのではないかと考えられるのだ。

それが奇兵隊の強さの秘密だ。

奇兵隊士たちはたしかに強力な銃を持っていた。しかし、銃の威力だけなら、幕府側もそれに勝るとも劣らぬ銃をフランスから輸入していた。

実は奇兵隊の強さの秘密は火力の強さではなく、火力の使い方が巧みだった点なのだ。要は、銃の運用の仕方が抜群にうまかったのである。

行動単位は5、6人の少人数で、絶対に敵の前に無防備には飛び込まない。常に物陰に隠れて射撃し、物陰に隠れながら移動し、できる限り、敵の後ろに回って安全なところから攻撃し、敵を殲滅《せんめつ》していったのだ。

これは完全なゲリラ戦で、まさに傭兵が得意としていた戦法であった。

こんな戦法を、銃を手にしたばかりの萩藩の侍たちが、農民たちにどうやって教えたのか？　当然、教えられるわけがない。ゲリラ戦を得意とする人間たちが教えたのだ。それが、ロスチャイルド家の精鋭部隊であった可能性は十分にあるだろう。留学生たちに教えたのか、もしかしたら何人かが教官役として来日したのかもしれないが、ともかく奇兵隊士は、それまでの日本にはなかった戦い方をしたのである。

だから、幕府軍は負けたのだ。

その一方で、国際金融家たちと手を組んだ代償は大きかった。

志士たちはやがて彼らに取り込まれる。

一例を挙げれば伊藤博文だ。彼は明治新政府の大蔵大輔となった時、政府の中で唯1人、金本位制を採用するよう主張した。当時、世界は銀本位制であり、金本位制だったのはイギリスぐらいだったのに、だ。

そして結局日本は金本位制を採用する。実は金本位制は国際金融家たちが推進する制度で、通貨発行権をより強化できる仕組み。このあたりのカラクリは『洗脳経済150年の呪縛』（ビジネス社刊）を参照してほしいのだが、伊藤はその尖兵になってしまっていたのだ。

しかし、幕末の志士たちは、本気で攘夷を行っていたことに間違いはない。金融家たちの手を借りて、外国を滅ぼそうと懸命に戦っていた。

しかし、当然ながら国際金融家たちのほうが権謀術数にかけては何枚も上。志士たちは自分たちの理想も夢もまるごと金融家たちに飲み込まれ、明治という新しい時代を迎えるのである。

そして、残念ながらその新しい時代は志士たちが思い描いていたようにはならなかった。

第５章

明治維新から１５０年

東洋の火薬庫、朝鮮半島

これまで見てきたように維新で最も利益を得たのは戦争のスペシャリストである国際金融資本家たちであった。

なぜそう言い切れるのかといえば、明治後の日本はそれまでの日本とはガラッと変わってしまったからだ。江戸時代の260年間（1603年~1868年）は戦争らしい戦争など起きていないのに、明治になった途端、頻繁に戦争が起きるようになってしまう。

戊辰《ぼしん》戦争が終わったのは明治2年（1869年）、それからわずか5年後には佐賀戦争（佐賀の乱）が起き、神風連《しんぷうれん》の乱（明治9年：1876年）、萩の乱（同年）など士族の反乱が続くと明治10年には西南戦争が勃発する。これと並行して朝鮮問題が続発、明治8年の江華島《こうかとう》事件はその後の壬午《じんご》事変（明治15年）、甲申《こうしん》政変（明治17年）、東《とう》学党《がくとう》の乱（明治27年2月）などを招き、同年8月の日清《にっしん》戦争へとつながっていく。また、日清戦争で勝利したのも束の間、今度はロシアと朝鮮を巡って対立し、明治37年、日露戦争が勃発する。

大きな戦争は10年に1回。小ぜり合い程度のものであれば、しょっちゅう起こり、常に緊張感が漂っていたのが明治という時代だったのだ。

特に注目してほしいのは、明治時代の戦争の火種はすべて朝鮮半島だったということ。前述したとおり、日清、日露の戦争のきっかけは半島であったし、西南戦争にしても、その遠因は征韓論《せいかんろん》を巡って新政府内部が二分したためだ。

地政学上、日本にとって朝鮮半島はとても重要なのはわかる。中国大陸への玄関口であり、中国から見れば日本への攻め口でもあるこの半島を押さえておくのは新政府にとって急務ともいえるだろう。しかし、内政もまだしっかり固まっていないこの時期に、あえて半島を視野に入れる必要はなかったはずだ。ところが、なぜか、明治新政府内で征韓論が高まっていくのである。

その理由について現在言われているのは、明治新政府が送った親書を李氏《りし》朝鮮が無視しただけでなく、無礼な態度を取ったからだとされている。

しかし、新国家を樹立したばかりの大切な時期にそんなことで戦争まで考える必要がどこにあるだろうか？

内戦が続く日本で新たな火種を国外に求めるなど、正気の沙汰《さた》とは思えない。

しかし、現実はその正気の沙汰とは思えないほうに進んでいくのである。

一体なぜそんなことになってしまったのか？

実はその答えのヒントも幕末にあった。それも、アーネスト・サトウが握っていたのだ。

岩倉使節団の謎

1866年英国公使ハリー・パークスが鹿児島を訪問したこの年、英国公使付き通訳官アーネスト・サトウは朝鮮語の勉強を始めていた。

それを見た勝海舟が理由を聞くと、「フランスがいま朝鮮を狙《ねら》っていて、彼らに対抗するためにいま朝鮮語を学んでいる。たぶん私の次の赴任地は朝鮮半島になるだろう」と語ったという。ちなみにサトウの立ち位置だが、私は限りなく、国際金融家寄りだと想像している。常に薩長《さっちょう》側、常に内戦勃発《ぼっぱつ》側に与《くみ》して動いていたからだ。そのサトウが、維新が起きる2年も前から朝鮮に興味を持っていたことがどうしてもひっ

岩倉使節団（左から木戸孝允、山口尚芳、岩倉具視、伊藤博文、大久保利通）

かかるのである。

しかも、この年、朝鮮とフランスの間で戦争まで勃発し、なんとフランスが負けてしまうのだ。朝鮮をなめきっていたフランスは海図すら用意せず、わずか艦船３隻、兵士８００人で朝鮮に攻め入ったのだから当然の結果だろう。

そういった状況を受けて、英米仏露は朝鮮半島近海の測量を行うなどし、この時期にわかに半島周辺の緊張感が高まっていたのだが、結局、欧米勢力は何年も静観を続け、そのうち日本と清が朝鮮半島をめぐって対立するようになってしまう。

この対立の原点が征韓論になるのだが、当時、日本では不思議なことが起きている。大久保利通《おおくぼとしみち》ら政府首脳が突如、日本を離れてしまったのである。

いわゆる明治4年から6年までの岩倉《いわくら》使節団だ。

よく知られているように、この使節団は岩倉具視《ともみ》、木戸孝允、大久保利通、伊藤博文、山口尚芳《なおよし》以下総勢107名の大編成で、約1年10カ月にも渡って欧米諸国とアジア各地を歴訪している。

しかし、明治4年は新政府にとって立ち上げの重要な時期。廃藩置県や新貨条例なども行っており、新政府のトップ大久保と木戸が2年近くも日本を留守にするなどという考えてもありえないし、そんな余裕もないはずなのだ。

使節の目的としても別段なにがあったわけでもなく、成果のほうも大してなかった。一体なんのために外遊したのか、まことに不可解な動きであったのだが、実をいえば、たったひとつだけ確かな成果が挙がっていた。

それが日本を征韓論に傾けたことである。

使節団の団長、岩倉以下、木戸、大久保、伊藤、山口は基本的に征韓論には反対の立場。逆に留守政府を守る西郷隆盛、板垣退助、江藤新平、後藤象二郎らは全員征韓論者ばかり。そんな状況下で2年も日本を留守にすれば政府内が征韓論に傾くのは至極当然であっただろうし、そんな結果になることぐらい木戸にしても大久保にしても容易に想像がついただろう。

であるのに、なぜムダな外遊などしたのか？

その理由はわからない。わからないが、岩倉使節団が2年近くも外遊が可能だった現実的な理由を考えると、次第に答えは見えてくる。

繰り返すが岩倉使節団は総勢１０７名もいたのだ。それだけの人数を約2年間、外遊させるには相当な金がかかっただろう。

しかし、何度もいうが明治政府には金がなかった。

ということはどこかの誰かが金を貸したのだ。

その誰かはなんらかのメリットが期待できると踏んだから彼らに融資したのだろう。そしてそのメリットとは、日本を征韓論で染めることであり、のちの日清、日露戦争への布石を打つことであったと考えられないだろうか？

つまり、すべては戦争のスペシャリストたちが画策したことではないか、という疑惑である。また、そうでなければ、あの時期に日本のトップ2人が自国の政治を放り出して外遊する理由がない。

明治の元勲たちが逆立ちしても頭が上がらないスーパーパワーが動いたのだ。だから、大久保たちは後ろ髪を引かれながらも日本を留守にしたのではないだろうか。

戦国時代、明治

幕府を倒した明治政府。

日本ではいまだに無血革命などと褒めそやされる明治維新。

しかし、その実態は外国主導、もっとはっきり言えば、国際金融資本家たちによって遠隔操作されていた可能性が十分にある。少なくとも明治が戦争の時代になってしまったことは事実だ。江戸時代の平和な日々に比べて、明治がどれほど戦争一色であったか、少し調べればわかるはずだ。

しかもこれは明治に限った話ではない。その後の大正、昭和になっても変わらない。

明治43年の朝鮮併合に続き、大正時代は第一次世界大戦に参戦し、昭和に入ってすぐに、満州事変（昭和6年～7年）、支那事変（昭和12年勃発）、太平洋戦争と続いていく。

明治維新からおよそ70年間、日本はずっと戦争し続けている。日本の歴史は、明治を境に外国との戦争を好む、好戦国にハッキリと変わってしまったのである。

ところが、である。

どういうわけか、現代人は、明治を日本の夜明けだとなんとなく思ってしまっているフシがある。

その理由は司馬遼太郎と、彼の筆によって描かれた坂本龍馬のイメージによるところが大きい。司馬によって創造された『竜馬がゆく』の主人公・坂本龍馬は楽天的で不屈で、なにより大きな理想に燃えていた。その理想が幕府を倒し、日本に夜明けをもたらすことだった。

そのキャラクターに日本人は共感を覚え、以後、坂本龍馬は司馬が創りあげたイメージで定着してしまう。明治のイメージも、〝司馬版竜馬〟の理想のように感じて無条件に好印象を持ってしまっている。

しかし、明治の実像はまったく違う。暗黒時代だとまではいわないが、戦国時代と言ってもいいほど戦争が多かった時代だったのだ。

坂本龍馬、暗殺の真相

また、坂本龍馬の実像もまるで違う。そもそも彼は幕末にそれほど活躍していないのだ。

薩長同盟の締結では縦横無尽に動いたように小説の中では描かれているが、死ぬまで脱藩浪士だった龍馬を薩長の西郷隆盛、木戸孝允がまともに相手にする理由などない。西郷、木戸が坂本と会ったのは彼のバックにトーマス・グラバーがいたからだ。坂本はグラバーの名代でしかなく、グラバーと薩長のつなぎ役もしくは監視役といったものが主な仕事だったというのが本当のところだろう。

そんな龍馬だったがゆえ、司馬が小説の題材として取り上げるまで、ほとんど無名の人物だった。それが維新から約100年近く経《た》って急に日本の一大ヒーローとしてまつりあげられた。

私はそこに違和感を感じるのである。

もちろん龍馬人気にケチをつける気などない。それは司馬の作家としての力量に負うところであり、彼が創りあげた龍馬像が日本人にハマったというだけの話だ。

そうではなく、私が違和感を感じるのは、謎とされる龍馬の死の真相のほうだ。

今回、明治維新を詳細に調べた結果、撫育金《ぶいくきん》の謎やエージェントの正体などが見えてきたのだが、その過程で龍馬の暗殺の真相にもある程度の答えが出てしまった。しかも、それは特別、彼の死の謎を解き明かそうと思ったわけでもなく、明治という時代を調べていくうちに普通に見えてきてしまった、のである。

どういう人々が龍馬を暗殺したのか？

この謎解きはとても簡単だった。

グラバーを裏切った龍馬

まず、龍馬が殺された理由だが、最後の最後でグラバーを裏切ったためだ。

しかし、この裏切りは日本に内戦が勃発するのを阻止するためであり、龍馬の動きがあったからこそ、あのタイミングで土佐藩藩主山内容堂《やまうちようどう》が大政奉還《たいせいほうかん》の建白書を出せたのだ。

徳川慶喜が大政奉還を行った慶応３年（１８６７年）10月14日、岩倉具視が画策したニセの討幕の密勅が薩長（薩摩には13日）にくだされていた。だから、もしも慶喜が、密勅がくだされたのと同日に政権を返上していなければ、薩長は幕府を朝敵として兵を挙げることができたのだ。ところが、大政奉還によってそれは台無しになってしまった。倒幕がしたい薩長も、内戦を望んでいたグラバーもこれには激怒したことだろう。

もちろん、大政奉還と討幕の密勅が同日に出されたことを偶然だと思うお人好しが薩長、グラバー周辺にいるとはとても思えない。すぐさま裏切り者探しが始まり、大政奉還からちょうど１カ月後、龍馬は暗殺されたのである。

もちろん、龍馬が裏切ったという証拠はどこにもない。

薩長、グラバーたちが殺したという資料などもない。

しかし、薩長、特に薩摩はなにがなんでも倒幕がしたかったこと、グラバーも内戦を利用して儲けようとしていたこと、そして龍馬はそのつなぎ役をしていたことは事実だ。また、大政奉還の建白書が龍馬の元主家土佐藩から出されており、暗殺時、龍馬は薩摩藩との間がしっくりいっていないことを周囲に漏らしている。こういった状況を普通に検討していけば、誰でもこの答えに辿《たど》り着くはずだろう。

ところが、こんな簡単な謎解きを多くの歴史家、作家たちは書かない。

なぜなのか？

それは龍馬の裏切りの理由に問題があるからだ。「もしもあのまま倒幕となったら、当時の勢いから薩長が勝つ可能性は十分にある（実際その後、勝っている）。しかし、そうなれば日本に外国の傀儡《かいらい》政権が誕生してしまう」。薩長と外国勢との関係を熟知している龍馬だからこそ、それを憂いて裏切ったのだ。

しかし、戦前の歴史家たちにそんなことが書けるわけがない。明治、大正、昭和期は依然として薩長閥が政治の中枢にいるのだ。龍馬の死の真相を書けば、彼らを外国の傀儡だと名指しすることになってしまう。

しかも、明治時代の言論統制は徹底されていた。

例えば、新聞は内務大臣がその発行及び停止の無制限の権限を持ち、政府に関する批判はもちろん、元武士である官吏たちの横暴を暴露したり、揶揄《やゆ》しただけでも発禁処分とされてしまっていた。新聞紙条例、出版条例、集会条例、保安条例の言論４法によって、すべての報道は完璧《かんぺき》に政府の管理下に置かれていたのである。この内務大臣の権限は１９４５年まで、つまり明治の始まりから太平洋戦争敗戦までの70年間ずっと続いていたのである。

そんな状況下で、龍馬の裏切りについて、たとえ仮説であっても書けるわけがない。だから、その死は謎とされたのだ。

本当は、龍馬暗殺の真相は謎なのではなく、彼の裏切りの理由が新政府の禁忌に触れてしまうから謎にせざるをえなかっただけだったのだ。

これがために、坂本龍馬の死は100年間封印されたのである。

政府御用達《ごようたし》の歴史観

ところが司馬遼太郎はその封印をためらいもなく解いた。

しかもその内容は龍馬の死の真相にはまったく触れないだけでなく、薩長を絶賛する形で描かれていた。明治に関しての扱いも、これ以上ないほど好意的なもので、国民にも人気がある。

これがために司馬の描く近代史はすぐに政府御用達になっていった。

ちなみに政府御用達の意味をわかりやすくいうとNHKに愛されることをいう。具体的には、大河ドラマに採用されることだ。

実際、大河ドラマの原作者として採用された数を見ると、２０１５年現在で司馬が計６回と最も多い。第２位は吉川英治の４回、第３位は山岡荘八の３回で、並み居る大作家を押さえての快挙といっていいだろう。

まさに国民的作家の面目躍如といったところであろうが、これは大河ドラマに起用されたことの相乗効果であったともいえる。

そして、司馬作品が大河に採用された最初の作品が『竜馬がゆく』だった。

坂本龍馬はこの作品によって初めて日本人に認知され、そのキャラクターによって、明治の印象が決定づけられ、それは現在になっても踏襲されている。

明治の印象の良さは同時に外国勢力と日本人がともに手を組むことの素晴らしさにもつながる。

だから、司馬の作品は山岡荘八の２倍の回数も大河ドラマの原作として選ばれたのだ。

ところで、いまここで「そんなバカな。ＮＨＫがそんなことをするはずがないだろう」と思った方は日本のメディアのことを、特にテレビ・メディアのことを理解されれ

回	番組名	作	放送期間	主演
第57作	西郷どん	作：中園ミホ	2018（平成30）年1月〜	鈴木亮平（西郷隆盛）
第56作	おんな城主 直虎	作：森下佳子	2017（平成29）年1月〜	柴咲コウ（井伊直虎）
第55作	真田丸	作：三谷幸喜	2016（平成28）年1月〜	堺雅人（真田信繁）
第54作	花燃ゆ	作：大島里美・宮村優子	2015（平成27）年1月〜	井上真央（杉文）
第53作	軍師官兵衛	作：前川洋一	2014（平成26）年1月〜12月	岡田准一（黒田官兵衛）
第52作	八重の桜	作：山本むつみ	2013（平成25）年1月〜12月	綾瀬はるか（新島八重）
第51作	平清盛	作：藤本有紀	2012（平成24）年1月〜12月	松山ケンイチ（平清盛）
第50作	江〜姫たちの戦国〜	作：田渕久美子	2011（平成23）年1月〜11月	上野樹里（江）
第49作	龍馬伝	作：福田靖	2010（平成22）年1月〜11月	福山雅治（坂本龍馬）
第48作	天地人	原作：火坂雅志	2009（平成21）年1月〜11月	妻夫木聡（直江兼続）
第47作	篤姫	原作：宮尾登美子	2008（平成20）年1月〜12月	宮﨑あおい（篤姫）
第46作	風林火山	原作：井上靖	2007（平成19）年1月〜12月	内野聖陽（山本勘助）
第45作	功名が辻	原作：司馬遼太郎	2006（平成18）年1月〜12月	仲間由紀恵（千代）・上川隆也（山内一豊）
第44作	義経	原作：宮尾登美子	2005（平成17）年1月〜12月	滝沢秀明（源義経）
第43作	新選組！	作：三谷幸喜	2004（平成16）年1月〜12月	香取慎吾（近藤勇）
第42作	武蔵 MUSASHI	原作：吉川英治	2003（平成15）年1月〜12月	市川新之助（宮本武蔵）
第41作	利家とまつ〜加賀百万石物語〜	作：竹山洋	2002（平成14）年1月〜12月	唐沢寿明（前田利家）・松嶋菜々子（まつ）
第40作	北条時宗	原作：高橋克彦	2001（平成13）年1月〜12月	和泉元彌（北条時宗）
第39作	葵 徳川三代	作：ジェームス三木	2000（平成12）年1月〜12月	津川雅彦（徳川家康）・西田敏行（徳川秀忠）
第38作	元禄繚乱	原作：舟橋聖一	1999（平成11）年1月〜12月	中村勘九郎（大石内蔵助）
第37作	徳川慶喜	原作：司馬遼太郎	1998（平成10）年1月〜12月	本木雅弘（徳川慶喜）
第36作	毛利元就	原作：永井路子	1997（平成9）年1月〜12月	中村橋之助（毛利元就）
第35作	秀吉	原作：堺屋太一	1996（平成8）年1月〜12月	竹中直人（豊臣秀吉）
第34作	八代将軍 吉宗	作：ジェームス三木	1995（平成7）年1月〜12月	西田敏行（徳川吉宗）
第33作	花の乱	作：市川森一	1994（平成6）年4月〜12月	三田佳子（日野富子）
第32作	炎立つ	原作：高橋克彦	1993（平成5）年7月〜1994（平成6）年3月	渡辺謙（藤原経清・泰衡／2役）・村上弘明（藤原清衡）
第31作	琉球の風	原作：陳舜臣	1993（平成5）年1月〜6月	東山紀之（楊啓泰）

NHKの大河ドラマ一覧

第1作	花の生涯	原作：舟橋聖一	1963（昭和38）年4〜12月	尾上松緑（井伊直弼）
第2作	赤穂浪士	原作：大佛次郎	1964（昭和39）年1〜12月	長谷川一夫（大石内蔵助）
第3作	太閤記	原作：吉川英治	1965（昭和40）年1〜12月	緒形拳（豊臣秀吉）
第4作	源義経	作：村上元三	1966（昭和41）年1〜12月	尾上菊之助（源義経）
第5作	三姉妹	原作：大佛次郎	1967（昭和42）年1〜12月	岡田茉莉子（むら）・藤村志保（るい）
第6作	**竜馬がゆく**	原作：**司馬遼太郎**	1968（昭和43）年1〜12月	北大路欣也（坂本龍馬）
第7作	天と地と	原作：海音寺潮五郎	1969（昭和44）年1〜12月	石坂浩二（上杉謙信）
第8作	樅ノ木は残った	原作：山本周五郎	1970（昭和45）年1〜12月	平幹二朗（原田甲斐）
第9作	春の坂道	原作：山岡荘八	1971（昭和46）年1〜12月	中村錦之助（柳生宗矩）
第10作	新・平家物語	原作：吉川英治	1972（昭和47）年1〜12月	仲代達矢（平清盛）
第11作	**国盗り物語**	原作：**司馬遼太郎**	1973（昭和48）年1〜12月	平幹二朗（斎藤道三）・高橋英樹（織田信長）
第12作	勝海舟	原作：子母澤寛	1974（昭和49）年1〜12月	渡哲也・松方弘樹（勝海舟）
第13作	元禄太平記	原作：南條範夫	1975（昭和50）年1〜12月	石坂浩二（柳沢吉保）
第14作	風と雲と虹と	原作：海音寺潮五郎	1976（昭和51）年1〜12月	加藤剛（平将門）
第15作	**花神**	原作：**司馬遼太郎**	1977（昭和52）年1〜12月	中村梅之助（大村益次郎）
第16作	黄金の日日	原作：城山三郎	1978（昭和53）年1〜12月	市川染五郎（呂宋助左衛門）
第17作	草燃える	原作：永井路子	1979（昭和54）年1〜12月	石坂浩二（源頼朝）・岩下志麻（北条政子）
第18作	獅子の時代	作：山田太一	1980（昭和55）年1〜12月	菅原文太（平沼銑次）・加藤剛（苅谷嘉顕）
第19作	おんな太閤記	作：橋田壽賀子	1981（昭和56）年1〜12月	佐久間良子（ねね）
第20作	峠の群像	原作：堺屋太一	1982（昭和57）年1〜12月	緒形拳（大石内蔵助）
第21作	徳川家康	原作：山岡荘八	1983（昭和58）年1〜12月	滝田栄（徳川家康）
第22作	山河燃ゆ	原作：山崎豊子	1984（昭和59）年1〜12月	松本幸四郎（天羽賢治）・西田敏行（天羽忠）
第23作	春の波涛	原作：杉本苑子	1985（昭和60）年1〜12月	松坂慶子（川上貞奴）
第24作	いのち	作：橋田壽賀子	1986（昭和61）年1〜12月	三田佳子（岩田未希）
第25作	独眼竜政宗	原作：山岡荘八	1987（昭和62）年1〜12月	渡辺謙（伊達政宗）
第26作	武田信玄	原作：新田次郎	1988（昭和63）年1〜12月	中井貴一（武田信玄）
第27作	春日局	作：橋田壽賀子	1989年（平成元年）1〜12月	大原麗子（春日局）
第28作	**翔ぶが如く**	原作：**司馬遼太郎**	1990（平成2）年1〜12月	西田敏行（西郷隆盛）・鹿賀丈史（大久保利通）
第29作	太平記	原作：吉川英治	1991（平成3）年1〜12月	真田広之（足利尊氏）
第30作	信長 KING OF ZIPANGU	作：田向正健	1992（平成4）年1〜12月	緒形直人（織田信長）

出典：NHK

ていないと言っていいだろう。

本書の姉妹書である『日本人の99％が知らない戦後洗脳史』（ヒカルランド刊）でも書いたがアメリカの占領軍GHQは、占領中の約7年間に日本人に対する洗脳教育を徹底的に行っている。それがウォーギルト・インフォメーション・プログラムと呼ばれるもので、戦争に関する諸悪はすべて日本人が原因だと思い込まされている。

そのわかりやすい例が広島の「過ちは繰り返しませぬから」の原爆死没者慰霊碑だろう。なぜ広島に原爆を落とされた日本人が過ちを繰り返しませんと謝罪しなければならないのか？　多くの人々が疑問に思うだろう。謝るならば原爆を落としたほうだろうと。

この碑文を見た極東国際軍事裁判（東京裁判）の判事で、日本人被告の全員の無罪を主張したラダビノード・パール博士もこんな言葉を述べている。

「この〝過ちは繰り返さぬ〟という過ちは誰の行為をさしているのか。むろん日本人をさしていることは明らかだ。それがどんな過ちであるのか、わたくしは疑う。ここにまつってあるのは原爆犠牲者の霊であり、原爆を落としたものは日本人ではないことは明瞭《めいりょう》である。落としたものの責任の所在を明らかにして、〝わたくしはふたたびこの過ちは繰り返さぬ〟というのならうなずける。この過ちがもし太平洋戦争を意味しているというのなら、これまた日本の責任ではない。その戦争の種は、西欧諸国が東洋侵略のために蒔《ま》いたものであることも明瞭だ。ただし、過ちを繰り返さぬということが、将来再軍備はしない、戦争は放棄したという誓いであるならば、非常にりっぱな決意である。それなら賛成だ。しかし、それならばなぜそのようにはっきりした表現をもちいないのか」

「国民がその良心にゆがめられた罪悪感をになって卑屈になっているあいだは進歩も発展もない。原爆を投下した者と、投下された者との区別さえもできないような、この碑文が示すような不明瞭な表現のなかには、民族の再起もなければまた犠牲者の霊もなぐさめられない」（『パール博士　平和の宣言』ラダビノード・パール著）

これがウォーギルト・インフォメーション・プログラムの効果だ。日本人は「原爆を投下した者と、投下された者との区別さえつかない」ほど罪の意識を刷り込まれてしまっているのである。

そして、このプログラムを推進したと言われるのがＧＨＱの民間情報教育局で、あまり知られていないが、ＮＨＫはこの民間情報教育局によって作られたのだ。よって放送内容はアメリカのプロパガンダが基本となる。

例えば、ＮＨＫ開局の日の最初の放送プログラムはどんなものだったか、ご存じだろうか？

それはアメリカ、アイゼンハワー大統領の就任式だったのだ。よりによって旧敵国のトップの就任式をなぜありがたがって放送しなければいけないのか。これではまるで日本はアメリカの属国のようだ。

また、最初の民放局日本テレビ放送網を作ったのは正力松太郎で、彼はアメリカＣＩＡのエージェントだったことが公開されたアメリカの公文書によって判明している。日本のテレビ・メディアはそういった背景の中で立ち上がったもので、ＮＨＫに愛されるとは日本の為政者から見ても、外国の目から見て好ましいということなのだ。

かくして、明治を好ましく描き、開国を賛美する司馬作品は、ＮＨＫに愛されたのだ。念のために断っておくが、私は司馬遼太郎がＮＨＫに擦り寄ったと言っているわけではない。当時の政権の側で、彼の作品を好ましく思い、積極的に採用していったのだということは付記しておく。

司馬史観

近年、問題になっている司馬史観の偏りも、問題の源はＮＨＫに愛されたことによる。司馬史観とは、作家司馬遼太郎が小説の中で描いた歴史観で、簡単に言ってしまうと、明治は明るく、戦前の昭和は暗黒時代だったというものだ。開国を賛美し、日本的なものを否定した。しかし、それは作家、司馬遼太郎が描いた世界であり、それにとやかくいう必要はない。イヤなら読まなければいいだけだろう。

そもそも司馬史観を作ったのは司馬遼太郎ではない。司馬史観なるものは、それを恣意《しい》的に広めたメディアと政権が作ったもの。そこを混同して司馬遼太郎を責めるのは間違っている。

責めるべきは司馬史観そのものであり、なぜ司馬史観がここまで広まったのかのほうだ。

その責任はメディア全体といいたいところだが、やはりテレビ放送の影響力は大きい。加えて日本は近代史を学校でロクに教えない。教えないとは、基本となる考え方、日本人として自国の歴史をどう見るかという視点だ。

そこをぼやかしたまま、表面だけをなぞって終わりにしてしまうから、日本人は自国に対する態度がすぐにブレるのである。そしてだからこそ、毎週放送する歴史ドラマが日本人のひとつのコンセンサスになってしまうのだ。明治のイメージがいいのは、坂本龍馬のイメージがいいのと同様で、ドラマの印象が強烈だったためだ。

司馬史観はその産物といっていい。

しかし、「本当にそんなことがありえるのだろうか」と疑問に思う読者もいるだろう。日本人はテレビドラマに影響されて歴史観を作られてしまっている？ 政権が恣意的に大河ドラマをチョイスしている？

本当にそんなことがありえるのだろうか、と。

なりふり構わぬ明治礼賛

ありえるのだ。

それが本書の冒頭で紹介した「長州藩」という言葉だ。

これはテレビ・メディアと出版メディアによる造語であるが、いまではこちらのほうが当たり前になってしまい、正式名称の萩藩といわれてもしっくりこない状況が出現している。正式名称を造語とすり替えられて、違和感なくできるのがメディアの力であり、毎週毎週刷り込んでいくことの恐ろしさだろう。

そして、21世紀の現代でも、いまだにメディアは政権によって完全にコントロールされているという事実の持つ恐ろしさだ。

実際、2015年に放送された大河ドラマ『花燃ゆ』は、官邸サイドからNHKに指示があったことがわかっている。実は私は山口県に親戚がおり、去年そこに立ち寄った時「次の大河ドラマの舞台は山口で、NHKは安倍首相の故郷山口を舞台に大河を作れと言われたみたいだよ」といろんなところから聞いていた。東京に帰って調べてみるとそれは事実だった。

これは安倍総理の意向というよりは側近たちがそれぞれの思惑や点数稼ぎの中で動いた可能性も高く、そこをとやかくいう気はない。

問題はそういった思惑があっさり反映されるメディアの自浄作用のなさなのだ。

また、2015年7月、軍艦島で話題になった「明治日本の産業革命遺産」が世界遺産に登録されたことも政権の意向が働いている。

今回の世界遺産はシリアル・ノミネーションといって、同じような特徴や背景を持つ複数の遺産をひとつの遺産として登録申請ができる制度を利用したもので、内訳には松下村塾、萩城下町、旧グラバー住宅、鹿児島の旧集成館、小菅修船場跡（三菱重工業が管理）、三菱長崎造船所などがある。政府はこれを明治日本の産業革命というテーマでくくっているが、これはどう見ても薩長の倒幕の歴史遺産であり、その裏には〝財閥〟の陰までちらつく。

ここで問題なのは、今回の世界遺産のノミネートが内閣府が担当したということ。これまではずっと文化庁による推薦であったのが、今回だけ突如内閣府が産業革命遺産の保護に適用する法律を拡大して推薦していた。内閣府はなりふり構わず、明治を讃《たた》え、薩長を礼賛しようとしているのである。

その裏にはどんな思惑があるのだろうか？

それは政府が訴えようと画策している、明治のイメージから理解できるのだろう。

開国と自由の賛美。

外国とともに歩むことの素晴らしさ。

富国強兵。

そして、そんな政府が現在強烈に進めている政策が、ＴＰＰであり、集団的自衛権だ。「開国と自由の賛美」と「外国とともに歩むことの素晴らしさ」「富国強兵」はここにつながってくるのである。

萩藩の血脈

幕末、明治の話だったのに、なぜＴＰＰと集団的自衛権が出てくるのか？

たぶん、戸惑ってしまった読者も多いだろう。

しかし、幕末・明治がテーマだからこそ、最後に現在の話をしなければならないのである。

最初にも書いたように、現在の日本は幕末、明治と直結しているのだ。

いまからそれについて説明しよう。

舞台は、再び萩藩に戻る。

すでに書いたように萩藩は巨大な借金に苦しんでいた。

それを変えたのが撫育方《ぶいくかた》であったと第1章で書いた。

この撫育方を発案し、実際に推し進めたのが撫育方頭人、村田清風《むらたせいふう》だ。彼は「公内借三十七ヵ年賦皆済仕法」という藩士が商人から借りた借金を事実上踏み倒す法律を作ったことで知られる一方、開明派としても名高かった。

しかし、この法律は商人たちの悪評を買っただけでなく、藩士たちからも不満が上がる。というのも「公内借三十七ヵ年賦皆済仕法」は借金をチャラにするとともに新たな借金をできなくさせるものであり、借金なしでは暮らしていけない下級士族たちから反発を食らったからだ。

これがもとで清風は失脚。代わって台頭してきたのが家老の坪井九右衛門《つぼいくえもん》だった。九右衛門の改革路線は清風とは真逆の、重商主義。「公内借三十七ヵ年賦皆済仕法」を即廃止し、「公内借捌法《くないしゃくさばきほう》」を実施する。これは商人からの借金は藩が代払いし、家臣の藩からの借金はなかったことにするもので、商人、家臣たちから歓迎された。

しかし、こんなやり方では藩の財政が続くわけがなく、萩藩の借金は以前よりも膨らんでしまう。そのため、九右衛門は失脚。

その後登場したのが清風派の代表である周布《すふ》政之助。彼を支持するのは高杉晋作、伊藤俊輔ら松下村塾の面々で、のちに彼らは自らを正義派と名乗るようになる。

ところが、正義派は下関戦争、第一次長州征伐の敗北によって失脚し、藩政は再び、高杉が名付けるところの俗論派、坪井九右衛門と彼の子飼い椋梨藤太《むくなしとうた》が牛耳ることになったのだ（『歴史に学ぶ地域再生』中国地方総合研究センター編）。

しかし、高杉は奇兵隊を率いてクーデターを敢行。この成功により藩論は正義派一色となり、維新に突き進んでいくのである。

ざっとだが、これが幕末期萩藩の政争の流れとなる。実は、この中に幕末維新と現代を結ぶキーマンがいる。

キーマンの名前

そのキーマンとは坪井九右衛門だ。

彼は子供の頃に坪井家の養子となって坪井姓を名乗っているが、もともとの名前は違う。

彼の元の苗字は佐藤。

そう。第61～63代内閣総理大臣、佐藤栄作の祖先なのだ。ご存じのように佐藤栄作の実兄は第56、57代内閣総理大臣、岸信介。

つまり、佐藤と岸の兄弟は、高杉晋作から俗論派などという悪名を押し付けられた佐幕恭順派の領袖《りょうしゅう》、坪井九右衛門の血脈だったのである。

それだけではない。

信介、栄作兄弟の曽祖父である元萩藩士、佐藤信寛《のぶひろ》は長沼流兵学を修めた学者で、なんと吉田松陰に兵要録を授けている。坪井九右衛門と違い、信寛は正義派のほうについており、維新後は浜田県権知事、島根県令を歴任している。

『岸信介傳』によれば、晩年は山口県熊毛郡田布施町戎ヶ下の別荘に住み、伊藤博文や有栖川宮熾仁親王《ありすがわのみやたるひと》も遊びにきていたという実力者だ。

また、伊藤が佐藤信寛の別荘を訪ねた理由は彼の生家が熊毛郡束荷《つかり》村で、もともと彼らは顔見知りだったのである。

さらに、岸・佐藤兄弟の血脈を辿っていくと第45、48～51代内閣総理大臣、吉田茂につながり、吉田の養父吉田健三は元ジャーディン・マセソン商会横浜支店長で、妻は大久保利通の息子、牧野伸顕《まきのしんけん》の娘雪子だ。孫には第92代内閣総理大臣、麻生太郎がいる。

一方、第58～60代内閣総理大臣、池田勇人の妻は長州ファイブの1人、山尾庸三の孫娘で、その家系図には日本帝国陸軍大将児玉源太郎、昭和天皇の側近木戸幸一《きどこういち》がいた。木戸の祖父は来原良蔵《くるはらりょうぞう》で、まだ10代の伊藤博文の才覚を最初に認め、松下村塾入塾を勧めた萩藩士。良蔵の妻治子は木戸孝允の妹だ。池田の家系図をさらにたどると第52～54代内閣総理大臣鳩山一郎が登場し、その孫には第93代内閣総理大臣、鳩山由紀夫が現れる。

戦争を噛《か》みしめる

まさにそうそうたるメンバーだ。

こういった系列を上に辿っていくと岸信介、佐藤栄作、吉田茂という内閣総理大臣経験者が次々に登場し、途中にはジャーディン・マセソン商会横浜支店長まで現れる。そして、最後には大久保利通へとつながる。

また、鳩山系列を辿ると池田勇人、木戸幸一を経由して、長州ファイブの1人山尾庸三が突然現れ、最後に木戸孝允に辿りつく。

明治政府のツートップ、明治政府の大切な時期に日本を留守にしたあの2人が巨大な姿を現すのである。

これが日本なのだ。

いや、まだ先がある。麻生太郎の妹、信子が嫁いだ先は寛仁《ともひと》親王。この血脈の最後の最後は明治天皇にまで辿りつくのである。

これが皇国日本の本当の姿なのだ。

明治新政府は、役者を時に変えつつも、そのまま現代日本の政府へと引き継がれているのである。

私がなぜ、明治維新は終わっていないというのか、その理由がこれだ。

戦争の世紀だった明治はいまも終わっていないということだ。

誤解されると困るが、私は現政権を批判しているわけではない。日本は明治以降ずっとそうだったと言っているだけだ。

いまの日本の政権は相変わらず、薩長閥であり、明治時代だということだ。

そして、明治時代とは戦争の時代だということ。

私たちはこれを決して忘れてはいけないのである。

太平洋戦争後の70年、日本は戦争には巻き込まれていない。

平和な時代を過ごしてきた。

しかし、視野をほんの少し広げると、それは大きな誤解であることがわかる。戦後の日本は軍需品の工場として朝鮮戦争、ベトナム戦争、中東戦争までずっと加担してきたのである。日本が戦場にならなかっただけで、そのすぐ外側では戦争が続き、それによって日本経済は潤ってきたのである（詳しくは拙著『日本人の99％が知らない戦後洗脳史』を参照してほしい）。

我々日本人は明治以降、戦争の渦の中に放り込まれたままなのである。

こういった背景を知った上で私たちはもう一度、現在の日本を見直すべきなのだ。

そうすればこれから日本人が進むべき道が見えてくるだろう。

戦争のスペシャリストたちの言いなりにならず、彼らに加担する日本の一部の勢力をはっきり拒否する道を作り出すことができるだろう。

自らを責めることで思考放棄をする安易な道はもうやめて、戦争について真正面から思考し、議論することを恐れない道を進んでいけるだろう。

そのためにも私たちは近代史を直視しなければいけないのである。
明治から続く戦争の時代を咀嚼《そしゃく》しないといけないのである。

金儲けと戦争

最後に、戦争のスペシャリストである国際金融資本家たちがなぜ、戦争を好むのかを解説しておこう。なにも彼らは他人が死んだり、悲しむのを見るのが好きなサディストだというわけでは決してない。

彼らはサディストではなく、ただのエコノミストであり、戦争は儲かるからやっているだけなのだ。

明治時代から延々と作りあげられてきた金融資本主義をベースとした日本の社会システムは、〝とても儲かる〟から続いているのである。

戦争は「お金」になる、ということである。

そういう意味ではいま日本の政治は戦争に向かっているといえるだろう。

なぜなら、あらゆる国会議員がカジノ法に賛成しているからだ。

彼らが、こんな違法行為を支持する理由はたったひとつ「お金」以外にはないだろう。

東京オリンピックにしてもそうだ。

新国立競技場建設資金のゴタゴタで露呈したとおり、政治家たちは五輪がスポーツの祭典などとはこれっぽっちも思っていない。すべてはお金。それ以外の理由で政府が日本でオリンピックを開催したがる理由はないだろう。

政治家だけではない。

日本銀行も年金積立金管理運用独立行政法人（ＧＰＩＦ）も同類だ。

日銀は民間企業の株式購入をＥＴＦ（上場投資信託Exchange Traded Fund）を通じて昨年12月から約３兆円近く買っている。しかし、これは脱法行為であり、上場企業のみを優遇するもの。中央銀行たる日銀がやっていいわけがないし、限りなく日銀法抵触の可能性があるものなのだ。

ＧＰＩＦにしても元本を保証しなければならない年金基金を１４０兆円も上場株式の購入に注ぎ込んでいる。株価が下がったら、国民の年金資金は目減りしてしまうのに、だ。これも上場企業の優遇。要は財閥優遇措置なのである。

これらもすべて「お金」のため。言い方を変えれば、経済が最優先である証拠なのである。

国民の資産を使って一部の人間の私腹を肥やす。

こんなことが平然とまかりとおっているのが現代なのである。

そして、そのきっかけは明治から始まっているのである。

日本人が自らの手によって作った幕府。

それを外国人の手を借りて倒した薩長。

明治はそんな薩長の手によってスタートしたのである。

そろそろ、こんな時代は終わりにしよう。

一部の特権階級と、一部の外国人だけが幸せになる資本主義など拒否するべきなのだ。

そんなものよりも日本人1人ひとりが幸せを実感できる、本当の維新、本当の民主主義を打ち立てる時なのである。

そのためにはどうすればいいのか？

まずは明治から150年間続いている洗脳を解くべきだろう。

我々日本人は明治政府によって洗脳され、GHQによってさらに洗脳を加えられている。

こういった二重の洗脳を解くには、歴史を含めて目の前に提示されたものをよく見ることと以外ないのだ。

近代史はそのいいきっかけになるはずだ。

その先にこそ、本当の日本の夜明けがあるだろう。

おわりに

私は民主主義の最後の敵は資本主義だと常々言っている。正確に言えば、金融資本主義こそが民主主義の最大の敵である。

民主主義は言葉どおり、民が主であり、民が自らの意思で自らの行く末を決めるものだ。

その一方、資本主義は資本家のためのものであり、特に金融資本主義は、通貨発行権者と彼らに金利を支払う多国籍巨大企業だけが優遇されて最大の政治権力を持つ、ひどい差別社会が形成される。

残念ながら私たちが住む世界は後者である。いくら働いても生活が楽にならない人々がいる反面、働かないで毎日金利が何億と入ってくる一族たちがいる。

私はそんな社会は間違っていると思っているが、現実はますます、その間違った方向に進んでいる。

なぜそんなことになっているのかといえば、金融資本家たちが何百年にもわたって作ったシステムが強力だからだ。

そのシステムとは「お金」であるが、金融資本家たちがその手に握っているのは、「お金」そのものではなく、それを生み出す仕組み。世界中に「お金」をバラまき、その魅力を人々に教えて夢中にさせ、しかし、自分たちはそれを持たず、生み出す側に回る。だから、彼らは最強なのだ。

幕末の日本人が相手にしたのはそういう人々であった。

彼らと手を組めば、どんな武器でも好きなだけ買えるのだ。

念願だった倒幕もできる！

薩長は、その打ち出の小槌《こづち》を持っているかのような外国人たちに魅了されてしまったのだろう。

しかし、それに魅了されたら、当然、代償も払わなければならない。それが、彼らのシステムを受け入れることであった。

そのシステムを、具体的に言えば、その国に中央銀行を作り、その中央銀行の株を渡すことだ。たったそれだけのことで、彼らはその国のすべての富を手にすることができるのである。

例えば、あなたが自分の持っているなにか（労働でもモノでもなんでもいい）を提供し、対価として100ドルを手にしたとしよう。その100ドルはもちろんあなたのものだが、使いきったら終わりだ。

ところが、国際金融資本家たちはあなたが対価を払った100ドルから、なんの労力も提供しないで金利を取るのである。なぜなら、紙幣を刷って、国に金を貸しているから。彼らはただ、お札を印刷するだけ。世界中の国々はその札を、金利を払って借りるのである。システムの頂点にいる以上、彼らが貧乏くじを引くことなど100％ない。

明治の開国とは、鎖国を解いたことや貿易を始めたことではなく、国際金融家たちがもたらした金融制度を日本国として採用したことなのだ。江戸時代の日本と、明治の日本がまったく違うのは、その制度を入れたためである。

この制度の問題点は格差を生み出すことだ。富める者と貧しい者の差が際限なく開いてしまうところにある。

いまのアメリカなどはすでにそうなっている。彼の国では金がなければ、盲腸の手術すら受けることができない社会になってしまっている。

そして、現在、日本も徐々にそちらの方向に進みだしている。

日本がこうなったきっかけは明治にあったということを本書で解き明かしたが、最後に問いたいのは、このままでいいのか、ということなのだ。

日本をアメリカのような格差社会にしたいのか、と。

もしも、ごめんだというのであれば、いますぐ民主主義に移行してほしい。

私がいう民主主義とは自分で考え、行動することだ。誰かの奴隷ではなく、自分のゴールを自分で設定して動き始めることをいう。

誰かに刷り込まれた情報ではなく、自分で調べ、判断した中で動いていく。それこそが民主主義のひとつの形なのである。

それが金融資本主義と戦う、ただひとつの力なのである。

本書が、それに貢献できるきっかけになれば幸いだ。

苫米地英人

幕末、明治の長州年表

嘉永《かえい》6年（1853）

6月3日　ペリー率いる東インド艦隊が浦賀港に入港。日本に開国を迫る

嘉永7年（1854）

1月16日　ペリーが軍艦7隻を率いて再来日

3月3日　日米和親条約を締結

3月27日　吉田松陰と金子重之輔《しげのすけ》、下田に停泊中のペリーの艦船で密航を企てるも失敗

安政《あんせい》2年（1855）

5月26日　萩藩重臣、村田清風、死去

7月29日　幕府が海軍伝習所を長崎に設置。勝海舟、五代才助（友厚）ら入所

安政4年（1857）
吉田松陰が松下村塾を引き継ぐ
2月　伊藤俊輔（博文）が江戸湾警備に派遣され、来原良蔵と出会う

安政5年（1858）
6月19日　日米修好通商条約を締結
10月25日　徳川家茂《いえもち》が第十四代将軍に就任

安政6年（1859）
5月26日　イギリス総領事・オールコック来日
10月27日　吉田松陰、安政の大獄で斬首《ざんしゅ》

安政7年／万延元年（1860）
3月3日　桜田門外の変。大老・井伊《いい》直弼《なおすけ》が水戸藩士らに討たれる
3月18日に**万延**《まんえん》に改元

文久元年《ぶんきゅう》**（1861）**

7月2日　萩藩重臣・長井雅楽《うた》が航海遠略策を上申

文久2年（1862）

7月6日　徳川慶喜、将軍後見職となる

8月15日　イギリス公使付き通訳官アーネスト・サトウ来日

8月21日　生麦事件。島津久光の家臣が生麦村でイギリス人たちを無礼討ち

閏8月1日　会津藩主・松平容保《かたもり》、京都守護職となる

12月12日　高杉晋作、伊藤俊輔、井上聞多（馨）、山尾庸三らがイギリス公使館を焼き討ち

文久3年（1863）

1月　グラバー邸完成

2月6日　萩藩重臣・長井雅楽、切腹

5月10日　萩藩、関門海峡通過中の外国艦船を無差別砲撃（イギリス艦を除く）

5月12日　伊藤俊輔、井上聞多、山尾庸三ら長州ファイブがイギリスへ密航
6月1日　アメリカ・ワイオミング号が萩藩に報復
6月5日　フランス・セミラミス号、タンクレード号が萩藩に報復
6月6日　高杉晋作、奇兵隊を結成
7月2日　薩英戦争勃発
8月18日　八月十八日の政変により、萩藩は京都を追われる
10月28日　坪井九右衛門、処刑される

文久4年／元治元年（1864）

6月10日　伊藤俊輔、井上聞多、イギリスから帰国。イギリス公使オールコックに面会
7月19日　禁門の変　萩藩、御所を攻撃。薩摩と会津連合軍に敗れ敗走。朝敵となる
7月23日　第一次長州征伐。朝廷は長州討伐の勅命を発する
8月5日　下関戦争勃発。イギリス、フランス、オランダ、アメリカの4カ国連

合艦隊が萩藩を砲撃
11月11日　萩藩、幕府に恭順の意を表し、三家老に自刃を命じる
12月15日　高杉晋作、伊藤俊輔、石川小五郎ら諸隊が功山寺で挙兵、萩藩内の恭順派を一掃する

慶応《けいおう》元年（1865）
3月22日　五代友厚ら薩摩スチューデントがイギリスに密航
閏5月16日　英国公使ハリー・パークス来日

慶応2年（1866）
6月7日　第二次長州征伐開戦
6月17日　英国公使・パークス、薩摩藩を訪問
7月18日　幕府、石見方面で大敗
7月20日　将軍家茂死去
8月20日　徳川慶喜、第十五代将軍に就任

12月25日　孝明天皇、崩御

慶応3年（1867）

1月9日　明治天皇が践祚《せんそ》の儀を行い皇位に就く

1月11日　徳川昭武、欧州に特使として出航

2月27日　パリで万国博覧会開催。幕府、佐賀藩、薩摩藩が出展

10月14日　岩倉具視が画策したニセの「討幕の密勅」が薩長に下される（薩摩には13日）

10月14日　徳川慶喜が大政奉還

11月15日　坂本龍馬、暗殺される

12月7日　兵庫港が開港

12月9日　王政復古の大号令

慶応4年／明治元年（1868）

1月3日　鳥羽・伏見の戦い勃発、幕府軍が敗退

1月8日　徳川慶喜、大坂城から逃走
3月13日　勝海舟と西郷隆盛が会談
4月11日　江戸城、無血開城
5月15日　彰義隊、上野で新政府軍と戦い敗退
9月26日　会津藩降伏
10月25日　榎本武揚《えのもとたけあき》ら、箱館五稜郭を占拠

明治2年（1869）

5月11日　土方歳三、箱館にて戦死
5月18日　五稜郭が陥落　榎本武揚ら降伏　戊辰戦争終結

【著者略歴】
苫米地英人（とまべち・ひでと）
1959年、東京都生まれ。認知科学者、計算機科学者、カーネギーメロン大学博士(Ph.D)、カーネギーメロン大学 CyLab 兼任フェロー。聖マウリッィオ・ラザロ騎士団ナイトグランドクロス（大十字騎士、Grand Cr.）マサチューセッツ大学コミュニケーション学部を経て上智大学外国語学部卒業後、三菱地所にて2年間勤務し、イェール大学大学院計算機科学科並びに人工知能研究所にフルブライト留学。その後、コンピュータ科学の世界最高峰として知られるカーネギーメロン大学大学院に転入。哲学科計算言語学研究所並びに計算機科学部に所属。計算言語学で博士を取得。徳島大学助教授、ジャストシステム基礎研究所所長、通商産業省情報処理振興審議会専門委員などを歴任。
著書に『現代洗脳のカラクリ』『すべてを可能にする数学脳のつくり方』（ビジネス社）『人間は「心が折れる」からこそ価値がある』(PHP研究所)、『日本人だけが知らない戦争論』（フォレスト出版）、『《思いのままにお金を集める》Dr.苫米地式資産運用法なら誰もが絶対に rich になれる！』（ヒカルランド）などがある。

編集協力／中村隆治
撮　　影／中谷航太郎

【新装版】明治維新という名の洗脳

2017年9月19日　第1刷発行

著　者　苫米地英人
発行者　唐津　隆
発行所　株式会社ビジネス社
〒162-0805　東京都新宿区矢来町114番地
神楽坂高橋ビル5F
電話　03-5227-1602　FAX　03-5227-1603
URL　http://www.business-sha.co.jp

〈カバーデザイン〉渡邊民人（タイプフェイス）
〈本文組版〉茂呂田剛（エムアンドケイ）
〈印刷・製本〉半七写真印刷工業株式会社
〈編集担当〉本間肇　〈営業担当〉山口健志

ISBN978-4-8284-1970-1

ISBN978-4-8284-1878-0